12. Heimatschrift für das östliche Unterallgäu

Die Bruderschaften in Türkheim

Alois Epple

Bibliografische Information der Deutschen Nationalbibliothek: Die Deutsche Nationalbibliothek verzeichnet diese Publikation in der Deutschen Nationalbibliografie; detaillierte bibliografische Daten sind im Internet über dnd.dnb.de abrufbar

© 2025 Alois Epple
Verlag: BoD · Books on Demand GmbH,
Überseering 33, 22297 Hamburg, bod@bod.de
Druck: Libri Plureos GmbH, Friedensallee 273,
22763 Hamburg
ISBN: 978-3-8192-9607-9

Vorwort

An dem Thema „Bruderschaften" ist besonders die Vielfältigkeit der Betrachtungsweisen faszinierend. Es liefert theologische, historische, volkskundliche, soziologische und kunstgeschichtliche Informationen und Erkenntnisse. Die Quellenlage zu Bruderschaften in Türkheim ist sehr gut: Neben Archivalien im Staatsarchiv in Augsburg besitzt vor allem das Pfarrarchiv Türkheim umfangreiches Archivmaterial, vor allem die Bruderschafts-Rechnungsbücher.

Im Jahre 2002 veröffentlichte ich im Selbstverlag das Buch „Die Bruderschaften in Türkheim". Es liegt heute an den großen Bibliotheken in Frankfurt, Leipzig, München und Augsburg. Ansonsten fand es nur eine geringe Verbreitung. Mit diesem Büchlein erscheint nun eine gekürzte Version, ohne Quellen und Literaturhinweisen. Bei Interesse kann auf diese Angaben in der Erstveröffentlichung 2002 zurückgegriffen werden.

Dieses Büchlein enthält auch Informationen zu Türkheimer Künstlern der Barockzeit. Diese arbeiteten für die Bruderschaften und mussten sich von den Bruderschaften Geld leihen.

Fehler sind unvermeidbar und ein leidiges Thema. Ich habe weder Zeit noch Lust, das Produkt vor dem Druck immer wieder durchzulesen und einen Lektor kann ich mir nicht leisten. Der Leser verzeihe mir deshalb Fehler und freue sich darüber, dass schon bald wieder ein neues Büchlein erscheinen wird.

Abkürzungen:
Corpus-Christi-Bruderschaft = CCB, Armenseelen-Bruderschaft = ASB, Bruderschaft der immerwährenden Anbetung = IAB, Loretobruderschaft = LB

Einleitung

Im Jahre 1676 gründete Herzog Maximilian Philipp (1638 - 1705) in Türkheim zwei Bruderschaften und bald folgte seine Gemahlin Mauritia Febronia (1652 – 1706) mit der Gründung einer weiteren Bruderschaft. Das Herzogspaar war kinderlos. Schon dies war ein Grund, Bruderschaften zu gründen, deren Mitglieder auch nach dem Tode für sie beteten. Noch meine Eltern erzählten mir, dass an jedem Sonntag vor dem Hochamt für das Seelenheil des Herzogspaares in der Türkheimer Pfarrkirche gebetet wurde.

Die Bruderschaften waren in einem Ort eine wichtige Institution: Sie belebten das religiöse und soziale Leben. Im 18. Jahrhundert waren sie oft, neben der „Kirche", die einzigen Institutionen, welche Gelder verliehen. Dies war besonders für Handwerker wichtig. Diese mussten beim Materialkauf oft in Vorleistung gehen. So musste sich z.B. Dominikus Bergmüller Gelder bei einer Bruderschaft leihen, um Holz für die Altäre für die Wieskirche kaufen zu können. Die Entstehung eines Zentrums für schwäbische Barockkunst in Türkheim wäre ohne das Vorhandensein der Bruderschaften in Trükheim nicht möglich gewesen. Bruderschaften gaben einem Ort Zentralität. An Bruderschaftsfesten kamen auswärtige Priester zum Beichthören und Gläubigen zur Teilnahme an Prozessionen und Messen nach Türkheim. Sie kauften dürften bei dieser Gelegenheit auch hier ein.

Die Corpus-Christi-Brunderschaft

Gründung

1676 gründete Herzog Maximilian Philipp *beede Hochlöbliche Bruderschafften:* die *Corporis Christy* Bruderschaft und die Bruderschaft der *Immerwehrenten anbettung des Hochheilligisten altars Sacraments.*

Die Türkheimer Corpus-Christi-Bruderschaft war eine Erzbruderschaft. Sie erhielt ihre Ablässe direkt vom *päpstlichen Stuehl* in Rom. Ihre *Reglen und Statuta* musste sie nur vom Augsburger Bischof bestätigen lassen.

Beide Bruderschaften hatten den gleichen Magistrat. Sie unterschieden sich nur wenig in ihren Zielen und Regeln. Es stand *einem jeden frey, sich zugleich auf einmahl in beede: oder aber anfenglich in eine, und nachgehents erst in die andere einschreiben zu lassen: oder man mag eine: oder die andere annemen und die ybrige gar underlassen,*

Herzogliche Gründe für die Gründung

Der unmittelbare Anlass zur Gründung dieser Bruderschaft war ein Hostienfrevel in Amberg. Der eigentliche Grund für den Herzog, eine Bruderschaft zu gründen, war jedoch, dass ein Herrscher nicht nur für das leibliche Wohl, sondern auch für das geistliche Heil seiner Untertanen zu sorgen hat.

Herzog Maximilian Philipp war ein geistiges Kind der Gegenreformation. Die vom Tridentinum stark geförderte Eucharistiefrömmigkeit betrachtete das *heiligste Guett als Heilmittel gegen die todbringende Sünde.* Auch Kurfürst Maximilian I. (1573 – 1651), Vater von Maximilian Philipp, war ein großer Verehrer des „Allerheiligsten". Sein Bruder, Kurfürst Ferdinand Maria (1636 – 1679) hatte 1674 von Papst

Klemens X (* 1590, 1670 – 1676) die Erlaubnis erhalten, die *Erzbruderschaft der ewigen anbetung des heiligsten Altarsakraments* in Bayern einzuführen. Sein Bruder Maximilian Philipp wollte es ihm in seiner Herrschaft Schwabegg gleichtun, *da diese schöne Andacht [...] vorhero ganz Bayern angenommen.* In einigen Orten seiner Herrschaft Schwabegg gab es zwar schon Bruderschaften, aber noch keine Corpus-Christi-Bruderschaft. Deshalb betrachtete der Herzog die Einführen einer CCB in Türkheim als eine wichtige Ergänzung. Wie diese Bruderschaft dem Herzogspaar am Herzen lag zeigt eine Bemerkung im Saalbuch von 1784: Da Maximilian Philipp und seine Gemahlin *solch höchlich wähnende andachten zu dem allerheiligsten AltarsSacrament exemplarisch übten und so, das Höchst diese fürsten Persohnen nichts eyfriger wünschten, als das Jedermäniglich solche Andachts pflege sich angewöhnte und angelegen seyn lassen mechte [...].* In seinem Testament schreibt der Herzog: *bitte aber zu vorderist den Allmächtigen gott, er wolle durch sein bitteres Leiden und Sterben, auch Verdienst und Barmherzigkeit mir alle meine Sünden, mit welchen ich ihn als das höchste Gut beleidigt habe, verzeihen und mich, obwohl unverdienter Weise, in die ewige Seeligkeit aufnehmen.*

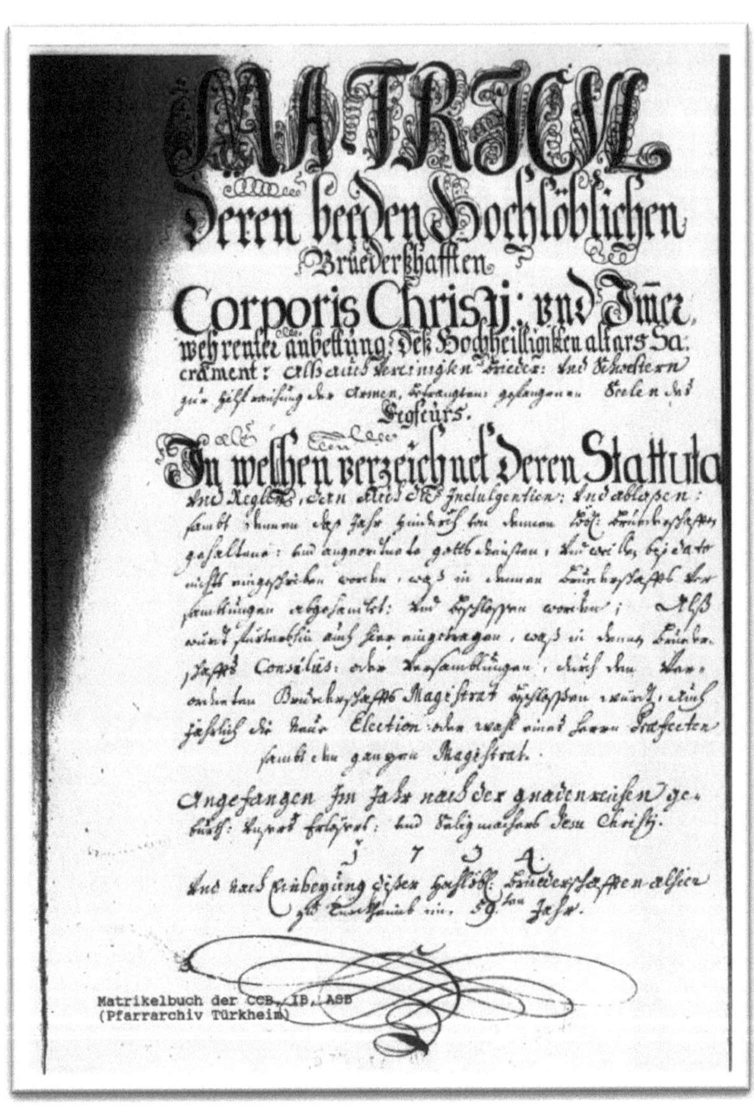

Pfarrarchiv Türkheim

Genehmigung

Um eine Bruderschaft zu errichten war eine bischöfliche Erlaubnis notwendig. So wandte sich der Herzog an den Augsburger Bischof Johann Christoph von Freyberg (1616 – 1690), um eine *Licentia* zu erhalten. Dessen Generalvikar Franz Ziegler (1674 – 1698) antwortete am 13. Februar 1676, dass grundsätzlich keine Bedenken bestehen, da der Vater von Maximilian Philipp, Kurfürst Maximiian I., *dieser löblichen Andacht primus motor* war. Allerdings gab der Generalvikar zur Überlegung, ob sich der Herzog nicht der Bruderschaft in der Heilig-Kreuz-Kirche in Augsburg, die es dort schon seit 1604 gab, anschließen möchte.[1] Der Herzog wollte jedoch seine „eigene" Bruderschaft und erhielt deshalb vom Augsburger Bischof die Erlaubnis hierzu mit allen Ablässen der Corpus Christi Erzbruderschaft der römischen Kirche Santa Maria sopra Minerva. Am 3. Juni 1676 bewilligte Papst Klemens X. die Gründung der Erzbruderschaft in Türkheim.

Herzog Maximilian Philipp forderte den Türkheimer Pfarrer Adam Deill (1651 1682) auf, seine Gedanken zur Einführung einer Bruderschaft zu äußern. Dieser gab zu bedenken, dass man auch an *Ornat, Himmel, Pluvial und anderer herbei zu trachten habe.* Ins Saalbuch schrieb der Pfarrer: *Damit aber in Sachen keine anderseite Hinternüssen oder auch unterströchungen von auch öfters wiedrig gesinter Geistlichkeit die ausen des wahren Schafstahl Christi flattern haben höchst gedachter Promotor und Fundator dieser hochlöblichen Bruderschaft, vorzüglich alle hieher notwendige Labeos und Paramenta, als Pluvial, ornaten, Himmel und Fahnen x. expropeye sofolglich ohne Entgelt angeschaft.*

---

[1] Renate Mäder: Cotalogus omnium fraternitatum – Bruderschaftliches Leben an Heilig Kreuz, in: Melanie Thierbach (Hg.): Treffpunkt Heilig Kreuz, Augsburg 2019, S 59

Der Herzog bestimmte, dass vor der Einführung der Bruderschaft die Pfarrer von Türkheim und den umgebenden Orten in zwei oder drei Predigten die Ziele der Bruderschaft zu erläutern haben. Auch soll keine Konkurrenz zu Bruderschaften in der Nachbarschaft entstehen und die Ablässe der Bruderschaft sollen von der Kanzel herab verkündet werden.

Einführung der Bruderschaft

Die Bruderschafts-Satzung wurde wohl vom Kapuzinerpater Ludwig aus Deggendorf aufgesetzt. Sein Vorbild war *die uralt Erzbruderschaft St. Peter in München.*
Am 14. Juni 1676 wurde die *Corporis-Christi-Bruderschaft* und die Bruderschaft der *Immerwährenden Anbetung des Allerheiligsten des Hochheiligen Sakraments* [...] *in der Türkheimer Pfarrkirche eingeführt. An diesem Tag waren bei der canonicé, Introduktion und 1. Prozession 23 Priester aus der Umgebung mit Kreuz und Fahnen* anwesend. Am Vormittag gab es eine Festmesse mit einer Predigt des berühmten Kapuzinerpaters Ludwig von Deggendorf.[2] Am Nachmittag fand eine Vesper mit Predigt, Te Deum und Segen, gehalten vom Pfarrer von Pfaffenhausen, statt. Die anschließende Prozession *um Dorf und Schloss* begleiteten *viele hundert Menschen*. Danach konnte man sich in die beiden Bruderschaften einschreiben lassen. An diesem Tag wurden *5 Maß Opfer- und Messwein* benötigt. Zur Gestaltung der Festivitäten holte man zusätzlich Musikanten aus Landsberg. Für die Einschreibung wurden aus Mindelheim 1.700 Stundenzettel und aus Augsburg 200 *Dreißiger* bezogen.

---

[2] Angelikus Eberl: Geschichte der Bayrischen Kapuziner-Ordensprovinz, Freiburg i.B. 1902, S. 227-229

Rasch nahm die Mitgliederzahl, das Bruderschaftsvermögen und die gestifteten hll. Messen und Jahrtage zu, die Bruderschaftsprozessionen wurden immer prunkvoller.

Die IAB hatte kein Vermögen, keinen Magistrat, keine Ablässe sondern nur die von einer Erzbruderschaft übernommene Statuten. Der einzige wesentliche Unterschied zwischen der IAB und der CCB lag darin, dass die Mitglieder der IAB einmal im Jahr während einer zugelosten Stunde in der Türkheimer Pfarrkirche vor dem Tabernakel beten mussten. Deshalb wurde schon bald nicht mehr zwischen den beiden Bruderschaften unterschieden. Das jährliche Stundengebet wurde in die Statuten der CCB übernommen, beide Bruderschaften zusammengelegt und unter dem Namen Copus-Christi-Bruderschaft weitergeführt.

Einführung des zehnstündigen Gebetes

Am 21. Dezember 1731 beschloss das Konsilium der CCB, da es die Finanzen erlaubten, am Dreikönigstag ein zehnstündiges Gebet einzuführen, *damit die ienige stundten, so von denen lauen Brieder und Schwestern, das Jahr hindurch sehr schlecht verrichtet oder gar underlassen worden, wiederumben in etwas ersezet.* Dieses zehnstündige Gebet war wie folgt organisiert:

6 Uhr   Aussetzung mit Segen des Allerheiligsten und Frühamt
7 Uhr   hl. Messe
8 Uhr   Levitiertes Hochamt mit Predigt
11 Uhr hl. Messe
14 Uhr feierliche Vesper mit Bruderschaftsopfer, danach Dreißiger, danach gesungene Predigt mit Bruderschaftssermon, danach Bekanntgabe des neuen Bruderschaftsmagistrats, danach Prozession und Segen mit dem Allerheiligsten, danach Te deum (C (Chorgesang) und Segen

Bischöfliches Regulativ

1828 verfasste der Augsburger Bischof Ignaz Albert Riegg (*1767, 1824 – 1836) ein "Regulativ" über die Bruderschaften in seiner Diözese. Danach sollen alle Bruderschaften eines Ortes zusammengelegt werden. Bruderschaftsfeste waren auf höchstens vier, möglichst an den Quatembersonntagen, zu reduzieren, es soll im Jahr nur einen Einschreibetermin geben, es dürfen keine Kinder in die Bruderschaft aufgenommen werden, Bruderschafts-Feierlichkeiten sollen vereinheitlicht werden und nur noch aus Predigt, Hochamt, Beichte,

Kommunion und Abendandacht mit Bruderschaftskonvent bestehen.

In Türkheim wurde dieses Regulativ wie folgt umgesetzt: Die CCB und die ASB bekamen den gleichen Magistrat und die gleichen Mitglieder, die Bruderschafts-Hauptversammlung fand am Fest der Erscheinung des Herrn statt. *Außerdem werden drei Bruderschaftsfeste feierlich begangen und zwar am Feste der hl. Drei Könige, am Sonntag in der Fronleichnamsoktav sowie am Sonntag nach Allerseelen.* Die Einschreibung neuer Mitglieder war am Dreikönigstag. Es wurden nur Kinder ab der Ersten-Heiligen-Kommunion aufgenommen. Allerdings waren Forderungen des bischöflichen Regulativs in Türkheim teilweise unbegründet und schon „umgesetzt". So steht im Matrikelbuch der ASB[3]: *Anno 1773 so in die alhiesige drey löblichen Bruederschaften seyend eingeschrieben worden.* Mit einer Einschreibung wurde man anscheinend gleich in alle drei Türkheimer Bruderschaften (CCB, ASB, IAB) aufgenommen. Im Urbar von 1790 ist zu lesen: *können alle Brüder und Schwestern der Hochlöblichen Bruderschaft des Allerheiligsten Hochwürdigsten Sacrament des Altars, wie nicht weniger in der Christgläubigen Armen Seelen Bruderschaft.* Gleichwohl unterschied man noch in den Kirchenstiftungs-Rechnungsbüchern Ende des 19. Jh. zwischen Ausgaben der ASB und der CCB.

Trotz Regulativ fanden in Türkheim bis 1956 eine Monatsprozession der Bruderschaften statt[4] sowie die „kleine Prozession" am ersten Sonntag nach Fronleichnam.

---

[3] Pfarrarchiv Türkheim

[4] In Bad Wörishofen gibt es heute noch die Monatsprozession der Bruderschaft.

Zur Erinnerung an das 200 jährige Jubiläum der Ss.
Corporis-Christi Bruderschaft in der Pfarrkirche
zu Türkheim vom 4 bis 6 Juni 1876.

200-jähriges Jubiläum der CCB

Vom 4. bis 6. Juni 1876 (Pfingsten) wurde das 200-jährige Gründungsjubiläum der CCB mit einem Triduum gefeiert. Täglich war das Allerheiligste ausgesetzt und täglich gab es zwei Predigten. Am 26. April 1876 schrieb der Türkheimer Pfarrer an das Ordinariat nach Augsburg *mit der Bitte um Gewährung eines vollkommenen Abasses zu dem beabsichtigten Triduum.* Diese Bitte wurde nach Rom weitergeleitet und Papst Pius IX. (*1792, 1846 – 1878) gewährte am 12. Mai 1876 den Ablass. Das königliche Bezirksamt in Mindelheim erhob dagegen keine Einwände, da sich die Feierlichkeiten *innerhalb der kirchlichen Räume bewegen.* Aus diesem Anlass wurde der alte Kupferstich der Bruderschaft neu aufgelegt. In diesem Jahr gab es 101 Eintritte in die Bruderschaft.

Die CCB im 20. Jahrhundert

Bis in die 1950er Jahre lief das Bruderschaftswesen in ruhigen Bahnen. Die Mitgliederzahl blieb nahezu konstant. Die Monatsprozessionen und die „kleine Prozession" fanden ohne großen Aufwand statt und einmal im Jahr wurde der Bruderschafts-Magistrat gewählt. Ab den 1960er Jahren ließen sich immer weniger Türkheimer in die Bruderschaft einschreiben. Die Monatsprozessionen waren schon 1956 abgeschafft worden.

Vom 18. bis 20. Juni 1976 feierte man das 300-jährige Gründungsjubiläum mit einem Triduum. Jeden Tag fanden hll. Messen mit Predigten statt. Prediger war P. Ludwig Grandl CSSR aus Gars. Das Pontifikalamt mit Prozession hielt Vitalis Maier OSB, Abt von Ottobeuren. Dieses Jubiläum brachte 36 Eintritte.

Ab den 1960er Jahren waren die Aufnahmen stark rückläufig. Abgesehen von der „kleinen Prozession" am Sonntag nach

Fronleichnam und den „Mantelherren" erinnerte in Türkheim nichts mehr an diese Bruderschaft. Am 6. Januar 1989 trafen sich einige alte Bruderschafts-Mitglieder und Pfarrer Leinauer um sich Gedanken über das Weiterbestehen der CCB zu machen. Am 6. Januar 1993 wurde versucht, die Bruderschaft neu zu belegen. Im April 1993 gab Pfarrer Leinauer ein neues Bruderschafts-Büchlein heraus. Der Aufschwung blieb aus.

Im September 1999 führte Pfarrer Bernhard Hesse die „Ewige Anbetung" in Türkheim ein. Die CCB ging in diesem Projekt auf. Lediglich die Mantelherren und die kleine Prozession blieben von der CCB übrig.

Am 13. Juni 2001 wurde das 325. Gründungsjubiläum der CCB mit einem abendlichen Gottesdienst in der Kapuzinerkirche in Türkheim gefeiert.

Anzahl der Bruderschaftsmitglieder

Bei der Gründung der IAB bzw. der CCB ging man davon aus, dass diese Bruderschaften bald fast 9.000 Mitglieder zählen werden. Da ein Jahr 8.760 Stunden hat, wäre damit eine „immerwährende" Anbetung" möglich, denn jedem Bruderschaftsmitglied wurde im Jahr eine bestimmte Stunde zur Anbetung des „Allerheiligsten Sakraments" in der Pfarrkirche zugewiesen. Bei der Gründung dürften sich um die 1.000 Mitglieder eingeschrieben haben und nach wenigen Wochen zählte man schon 2.000 Mitglieder.

Ein Mitgliederverzeichnis gibt es erst ab 1819. Danach schwankte die Mitgliederzahl bis nach dem 2. Weltkrieg zwischen 1.600 und 2.000. Ab den 1950er Jahren ging die Zahl der Eintritte kontinuierlich zurück. Ab 1971 traten jährlich weniger als 10 Personen der Bruderschaft bei. Lediglich im Jubiläumsjahr 1976 kamen 36 neue Mitglieder hinzu. 1986 trat

der letzte Katholik der Bruderschaft bei. In die erneuerte
Bruderschaft trugen sich 1993 insgesamt 67 Mitglieder ein.
Im 19. Jahrhundert kamen ca. 2/3 der Mitglieder aus Türkheim,
die anderen vorwiegend aus der näheren Umgebung. Um
1900 waren 20% der Neuaufnahmen Auswärtige. Nach 1918
kamen fast alle neuen Mitglieder aus Türkheim.

Gründung-Statuten

Die ersten Statuten dürften wohl vom Kapuzinerpater Ludwig
aus Deggendorf nach der Satzung der *uralt Erzbruderschaft St.
Peter* in München entworfen worden sein. Die
Bruderschaftsziele sind: *Im Gedenken an das von Christus beim
letzten Abendmal eingesetzten Sakrament des Altares und der hl.
fünf Wunden Christi beten.* Diese Gebete mögen folgenden
Anliegen dienen: *einem seeligen Sterbestündlein, der Erhöhung
der katholischen Kirche, dem Frieden und der Einigkeit unter den
christlichen Fürsten und Potentaten, der Ausrottung der Ketzerei
und allgemeine geistliche und leibliche Anliegen der ganzen
Christenheit, ein wahrhaftes Ebenbild der Versammlung der ersten
Christen sein; Erlangung der ewigen Seeligkeit.*
Um diese Ziele zu erreichen stellte die CCB folgende Regeln
und Pflichten auf: Wer aufgenommen werden will empfängt
die Sakramente Beichte und Kommunion, lässt sich
einschreiben und erhält einen Bruderschaftszettel. Jedes
Bruderschaftsmitglied soll täglich fünf „Vater unser", fünf
„Ave Maria" und den „Glauben" beten. Die Mitglieder sollen
möglichst eifrig beim hl. Messopfer die hl. Kommunion
empfangen und an den Bruderschaftsprozessionen (in der
Fronleichnamsoktav, an jedem ersten Sonntag im Monat, am
Sonntag vor oder nach der Quatemberzeit) teilnehmen. Jedes
Mitglied soll Versehgänge mit brennender Kerze begleiten
und sich überall für die Verehrung des Allerheiligsten

einsetzen. Es soll den Namen Christi in Ehren halten und ein gottesfürchtiges Leben führen. Ein Verstorbener soll unter Begleitung der Bruderschaftsmitglieder bestattet werden. Für den Verstorbenen soll der *Sibent: und dreissigisten so in ieder Pfarr gehalten werden.* Auch soll der verstorbenen Bruderschaftsmitglieder gedacht werden in den *quatemberlichen Bruderschafts Seelämbtern* und am achten Tag nach dem Allerseelentag. In der Oktav von Fronleichnam wird für die *Stifter und Guttäter der Bruderschaft* auf dem Bruderschaftsaltar, dem hl.-Kreuz-Altar (linker Seitenltar) , ein Lobamt gehalten. Dabei werden die Namen der Verstorbenen verlesen. Die Bruderschaftsmitglieder sollen an diesem Gottesdienst teilnehmen. Sie sollen wenigstens fünfmal im Jahr beichten und kommunizieren (Ostern, Pfingsten, Weihnachten, Maria Himmelfahrt, Allerheiligen). Die Mitglieder sollen sich befleißigen, Werke christlicher Liebe und Barmherzigkeit zu tun. So sollen die Väter ihre Kinder und Dienstboten mahnen. von den Lastern, insbesonders von Gotteslästerungen, Fluchen und Sacramentieren zu abzulassen und sie stattdessen darin unterweisen, was zur Erlangung der ewigen Seligkeit notwendig ist. Alle, besonders die Bruderschaftsvorsteher, sollen darauf achten, dass das hl. Sakrament würdig verehrt wird und das Opfer im Sinne der Bruderschaft verwendet wird.

Organisation der CCB Bruderschaft

Jährlich oder jedes zweite Jahr wird der Bruderschafts-Magistrat gewählt. Dieser setzt sich zusammen aus einem Präfekten, zwei Assistenten, einem Sekretär, acht oder zwölf Konsultoren und einem Kassier. Der Ortspfarrer ist der Präses der Bruderschaft. Er hat *die geistlichen Sachen* der Bruderschaft zu führen. Jährlich tritt der Magistrat in einem Konsilium zusammen. Die Protokolle werden in einem Kasten, welcher drei Schlüssel hat, aufbewahrt. Ein Schlüssel hat der Präfekt, den anderen der Präses und den dritten der Sekretär.

Statuten um 1876

Zum 200-jährigen Jubiläum wurde der Bruderschafts-Zettel mit überarbeiteten Statuten neu herausgegeben. Danach war weiterhin der Zweck der CCB die jährliche stündliche Anbetung des Allerheiligsten, um die gnadenvolle Erlösung des Menschgeschlechts, um die Besiegung des Unglaubens, um Gott die schuldige Untertänigkeit zu leisten, zur Sühne für Gotteslästerungen und für eine selige Sterbestunde.

Um dies zu erreichen muss jedes Bruderschafts-Mitglied einmal im Jahr, zu einer zugewiesenen Stunde, zum Allerheiligsten vor dem Tabernakel in der Pfarrkirche beten. Im Verhinderungsfall kann man diese Stunde auch einem anderen übertragen oder woanders beten. In der Woche in der man die Betstunde hat und in der Oktav von Fronleichnam soll man beichten und kommunizieren. Auch in der Fronleichnamsoktav soll man beichten und kommunizieren. Die Bruderschaft soll jeden Monat zwei hl. Messen lesen lassen und zwar die eine für die noch lebenden, die andere für die verstorbenen Bruderschafts-Mitglieder. Spätestens jetzt unterschied man nicht mehr zwischen CCB und IAB

Statuten um 1915 und danach

Um 1915 gibt es wieder eine Bruderschaftssatzung. Zweck der Bruderschaft ist nun, durch die Anbetung des Allerheiligsten an das Leiden und Sterben Christi zu erinnern und seiner Liebe zu uns zu gedenken. Durch das Gebet der Bruderschafts-Mitglieder sollen Un- und Irrgläubige sowie

Sünder gerettet, Sühne für Gotteslästerungen geleistet, die Gnade erlangt werden, vor dem Sterben die Kommunion zu empfangen und so zur ewigen Seligkeit zu gelangen. Auch für die armen Seelen soll durch das Gebet Trost, Hilfe und Erlösung erreicht werden.

Vorschriften: An einer frei gewählten Stunde im Jahr vor dem Tabernakel der Pfarrkirche zu beten und in dieser Woche beichten und kommunizieren. Beichte und Kommunion-empfang auch am Bruderschafts-Hauptfest (Sonntag nach Fronleichnam), am zweiten Hauptfest (Dreikönigsfest) und häufige Teilnahme an gestifteten Bruderschafts-Messen.

Um 1940 bringt Pfarrer Oswald Läuterer ein neues Bruderschafts-Büchlein heraus. Hier formuliert er einen Punkt neu: Es wird der Empfang von Beichte und Kommunion an jedem Monatssonntag empfohlen und das Beten des Dreißigers oder des Rosenkranzes während der Anbetungsstunde.

Aus dem Jahre 1976 stammt von Pfarrer Herbert Kessel ein Bruderschafts-Büchlein. In diesem wird der „regelmäßigen Sakramenten-Empfang" empfohlen.

1993 schreibt Pfarrer Albert Leinauer einen vorläufigen Entwurf für ein Bruderschafts-Büchlein. Dieses sieht vor: Den Alltag nach Gottes Geboten zu gestalten, häufiges Beten um verschiedene Anliege, neben Sonntags wenigstens an einem Werktag die hl. Messe zu besuchen und die Teilnahme an den CCB-Festen.

Ablässe

Die Gewinnung eines Bruderschafts-Ablasses setzte den Empfang von Beichte und Kommunion voraus. Gebetet werden musste um die Einigkeit der christlichen Regenten, die Ausrottung aller Ketzereien und das Wachstum der kath.

Kirche. Alle Ablässe konnten auch bittweise den Verstorbenen zugewandt werden.

Nach den Archivalien von 1682 konnte man als Mitglied der Türkheimer CCB an folgenden Tagen vollkommene Ablässe gewinnen: bei Aufnahme in die CCB, am Fronleichnamsfest, am Sonntag in der Fronleichnamsoktav, an Hl.-Drei-König, an Michaeli, an jedem ersten Sonntag im Monat. Zusätzlich erhielten einen vollkommenen Ablass die Bruderschafts-Mitglieder, welche *nach abgelegter Beichte vor ihrem Tode das allerheiligste Altar-Sakrament empfangen oder, wenn dieses nicht mehr sollte geschehen können, den heiligsten Namen Jesu nennen, oder, im Falle [dass] auch dieses unmöglich wäre, denselben im Herzen mit wahrer Andacht anrufen.* Einen weiterer vollkommenen Ablass erhielt man am Tag des eigenen Stundengebetes. Papst Innozenz XI. (*1611, 1667 - 1689) verlieh den CCB-Mitgliedern einen vollkommenen Ablass, *welche nach verrichteter Beicht und Communion eine [...] andächtige Betrachung lesen, oder, wenn sie nicht lesen können, den Dreißiger unsers lieben Herrn in heiliger Andacht beten, eine Kirche, Kapelle besuchen, und daselbst ebenfalls um Einigkeit der christlichen Kirche ihr frommes Gebet zu Gott emporschicken. Wer sich dieses Ablasses monatlich theilhaftig machen will, hat in jedem Monate das soeben Vorgeschriebene zu vollbringen.* Am 24. August 1759 verlieh Papst Klemens XIII. (*1693, 1758 - 1769) der Türkheimer Pfarrkirche das Privileg, dass *die Messe für die Verstorbenen am Tag des Gedenkens der Verstorbenen und an den einzelnen Tagen innerhalb jener Oktav, und am 4. Tag einer beliebigen Woche für die Seele eines jeden Bruderschaftsmitgliedes der genannten Bruderschaft, die Gott in Liebe verbunden, von dieser Welt gegangen ist, an vorgenanntem Altar feiern wird, die Seele selbst aus dem Schatze der Kirche in der Weise der Fürbitte Nachlass erhält.*

Im Urbar von 1790 sind folgende Tage aufgeführt, an denen die Bruderschafts-Mitglieder einen vollkommenen Ablas gewinnen können: am Dreikönigsfest, am 1. Sonntag im Januar, am Fronleichnamsfest, am Sonntag nach Fronleichnam, an Michaeli.

Organisation

Es war vorgesehen, dass bei der Bruderschaft *das Jahr hindurch etwelche Conventer oder Versamblungen gehalten werden. Weillen es aber alhier aus seinen erheblichen Ursachen nit sein kann,* so wurde 1734 in einem allgemeinen Bruderschafts-*Consilio* beschlossen, dass die CCB an einem *bequemen Tag vor Hl.-Drei-König* das Konsilium und eine allgemeine Versammlung am Fest des Erzengels Michael hält. Beim Konsilium wurde der Bruderschafts-Magistrat wie folgt gewählt: Zu Beginn kniet der Praeses und Präfekt vor das Kruzifix und betet das *Veni Sancte Spritu.* Dann berät man, was *in der Bruderschaft sollte geändert, aufgericht oder abgethan werden, wie auch wo der Schaden kunte gewendet und der Nuzen befürdert* werden. Danach folgt die Wahl des Magistrats und *ieniger welche bei denen Bruderschafts Proceßionen Bruderschaftssachen tragen.*
Bei der allgemeinen Versammlung am Michaelistag, um 13 Uhr, in der Pfarrkirche, findet sich der Magistrat in den Chorstühlen ein. Dann wird gebetet.
Nach dem Bruderschaftsbüchlein von 1931 findet am *Neujahrstage nachmittag die Wahl des allgänzlich neu zu wählenden Präfekten mit darauffolgender kurzer Andacht bei ausgesetzter Monstranz statt.* Der Buderschaftsmagistrat setzt sich zusammen aus dem Praeses (der jeweilige Ortspfarrer), einem Praefekten, zwei Assistenten, einem Sekretär, acht oder zwölf Konsultoren und einem Kassierer. Die Konsultoren sollen darauf achten, dass die Bruderschaftssatzung eingehalten wird. Sie nehmen bei Versammlungen und Prozessionen die Plätze nach dem Wahlergebnis ein. Sie sollen

ihren Vortritt vor anderen durchsetzten *ungehindert was grobe, unverschämte Mäuler davon reden und schwäzen*. Sie sollen zu den Quatember-Umgängen *um das Dorf oder in die Ferne* rechtzeitig alles herzurichten. *Die Vorgänger* stellen sich an die Spitze der Prozession und geleiten die Prozession den vorbestimmten Weg. Sie müssen aufpassen, dass nicht zu schnell oder zu langsam gegangen wird. Die Magistratsmitglieder sollen monatlich mindestens zwei Pfennig auf den Altar opfern, *man erspart sich dafür eine halbe Maß Bier. Die Konsultoren sollen weiter bei den Monatsprozessionen der Bruderschaft mit brennenden Kerzen in der Hand das Hochwürdigiste Gut begleiten.*

Der Erste Bruderschaftsmagistrat setzte sich zusammen:
Praefekt: Herzog Maximilian Philipp
Vizepraefekt: Valentin Drexl, herzogl. Kastner
1. Assistenz: Pfarrer von Mattsies
2. Assistenz: Pfarrer von Hiltenfingen
Sekretär: der herzogliche Gerichtsschreiber
Kassier: der Heiligenpfleger
Konsultoren: Pfarrer von Kirchdorf
                           Pfarrer von Konradshofen
                           Pfarrer von Scherstetten
                           Frühmesse von Türkheim
                           Oberrichter in Wiedergeltingen
                           herzoglicher Oberjäger
                           weitere sechs Türkheimer

Auch in den folgenden Jahren war der Magistrat vornehm besetzt:
Präfekt blieb, bis zu seinem Tod, der Herzog. Dann übernahm Peter Lehner, röm.-kaiserliche Hofkammerrat, diesen Posten. Vizepräfekten waren z.B. von der Thann, Christoph Sigmund Wilhelm Freiherr von Stotzing Carl Konstantin Fugger, Die

Zu Herzogs Zeiten waren die Hälfte der Konsultoren herzogliche Bedienstete wie der herzogliche Kammerdiener, der herzogliche Kellermeister, der herzogliche Oberjäger, die herzogliche Zuckerbäcker. Später waren Konsultoren vor allem Pfarrer der Umgebung. Nach dem Ende der herzoglichen Hofhaltung in Türkheim traten Türkheimer Bürger im Bruderschaftsmagistrat hervor. So ist 1734 Praefekt der Oberer Tafernenwirt Franz Kayer und die Assistenten sind Ignaz Hillenbrand, Bildhauer und Sebastian Dallmayr, Wundtarzt. Später finden sich im Magistrat auch Dominikus Bergmüller, Altarbauer.

Prozessionen

Am ersten Sonntag jeden Monats fand in der Pfarrkirche eine Bruderschafts-Prozession statt. *Das hochwürdigiste Guet wurde von den Konsultoren mit brennenden Kerzen in der Hand begleitet.* Diese trugen dabei *rote Röcke.* Noch in der ersten Hälfte des 20. Jahrhunderts trug bei der Monatsprozession der Priester unter dem „Himmel", der von vier „Mantelherren" getragen wurde, die Monstranz durch die Kirche. Auch eine Marien- und die „Gewerbefahne" wurden dabei mitgetragen. Der Priester segnete mit der Monstranz bei den zwei Portalen ins Freie. Die Marienfahne *darf nur von einem Jüngling getragen werden.* Von 1861 bis nach 1911 trug Matthias Reich diese Muttergottesfahne. 1956 wurde die Monatsprozession abgeschafft.

1734 wurde in Türkheim, wohl auf Anregung der Kapuziner, die Karfreitagsprozession eingeführt. Diese Prozession wurde recht aufwendig gestaltet. Allein der Auf- und Abbau der mitgeführten Figuren kostete die Bruderschaft jeweils 4 fl. 1762 findet sich in den Kirchenrechnungen der Eintrag: *für Waschung der Geislerkutten am Karfreitag.* 1766 erhielt

Dominikus Bergmüller *vor Aufrichtung der Figuren in der Charfreytag Prozeßsion die aber wegen eingefallenen üblen Wetter nicht gehalten werden kann 1 fl 45 kr.* Die Karfreitagsprozession gab es in Türkheim bis ca. 1785.

Am Sonntag nach Fronleichnam war der „Hohe Umgang", später „kleine Prozession" genannt. Führte die Fronleichnamsprozession zu den vier Kreuzen an den Ortsenden Türkheims, so war der Weg des „hohen Umgangs" von der Pfarrkirche bis zur Kapuzinerkirche und zurück. Diese Prozession gibt es bis in unsere Zeit, allerdings zeitweise auch am Samstagabend.

Im 18. Jahrhundert begann die Fronleichnamsprozession um 6 Uhr, der „Hohe Umgang" nach dem Hochamt um 5 Uhr. Diese Prozessionen wurden mit großem Aufwand gestaltet: 1782 ist vermerkt: *Die Umgänge sind in der ganzen umliegenden Nachbarschaft berümbt und werden mit einem starken Zulauf besucht. [...] hat die bisherige Erfahrung ergeben, dass die Bruderschafts Umgäng von einem merklichen Volk besucht werden.*

Die Prozessionen wurden von allen Bruderschaften finanziell unterstützt, nur den Hohen Umgang finanzierte die CCB allein.

Wohl beim Konsilium 1676 wurde bestimmt, dass man für Prozessionen und Umgänge benötigt: 2 Vorgänger oder Ductores, 4 Vorbeter des Dreißigers, 3 Sacristane und Versorger der Bruderschaftssachen.

1712 nahmen an den Bruderschaftsprozessionen teil: 6 Kerzenträger, 6 Stabträger in Roten Röcken (CCB), 6 Stabträger in schwarzen Röcken (ASB), 2 Sakristanen, 2 Vorgänger und 6 Begleiter in roten Röcken (CCB), 2 Vorgänger und 6 Begleiter in schwarzen Röcken (ASB), 1 Kreuzträger, 2 Klagfahnenträger, 1 Kruzifixträger der CCB, 2 Schildträger der CCB, 1 Kruzifixträger des ASB, 2 Schildträger des ASB, 1 Kreuzträger des ASB, 1 Träger einer schwarzen Fahne, 1 Monstranzträger, 2 Laternenträger, 1 Träger der

Loretomadonna, 8 Labristräger, 1 Träger des Labrums der hochheiligen Dreifaltigkeit, 4 Vorbeter.

Ende des 18. Jahrhunderts waren die Prozessionen besonders aufwendig und manche Teilnehmer wurden sogar besoldet:

2 Vorgeher in Bruderschaftskutten, 1 Vorkreuztrager, 2 Chorfahnenträger, 1 Kreuzfahnenträger, 3 Labraträger, 1 Kruzifixträger in einem Rock aus schwarzem Leinwand (ASB), dazu 2 Knaben in schwarzen Röcken, welche den schwarzen Schleier um dieses Kruzifixes halten, 1 Kruzifixträger in einem blauen Rock (LB), dazu 2 Knäblein nebenher in Chorröcken, welche den blauen Schleier um dieses Kruzifix halten, 1 Kruzifixträger in einem roten leinenen Rock (CCB), dazu 2 Knaben in roten Röcken, welche den roten Damastschleier um dieses Kruzifix halten, mindestens 6 Mitglieder der CCB mit Stäben mit roten, seidendamastenen Röcken, 4 Himmelsträger, die auf dem Haupt geflochtene Kränze tragen, der Schullehrer und Musikanten, 2 kleine und 5 große Ministranten, der Mesnerknecht, der Kalkant, 2 Orgelträger bzw. Orgelzieher, 6 Edelknaben, 4 Trompeter bzw. 2 Trompeter und Paukenschlager, 2 Laternenträger, 12 Träger für die drei großen Fahnen mit 3 Stützstangen, die Priester, 2 Leviten, 7 Ministranten und 2 Laternenträger die Kränze tragen. Es gingen auch Personen, verkleidet in biblische Gestalten mit und Wagen mit Figuren aus dem AT und NT wurden mitgeführt. Der Auf- und Abbau dieser Wagen besorgte u.a. Andreas und Dominikus Bergmüller Diese Schreiner benötigten zwei Tage für Auf- und Abbau der Wagen. Bei diesen Prozessionen wurde eine Menge an Pulver verschossen. So benötigte die CCB 1773 15 fl 22 kr für Böller, Pulver, Feuerstein, Zapfen und Papier zu den Patronen.

Einen Einblick barocker Prachtentfaltung, besonders bei der Fronleichnamsprozession, zeigen die „Bilder", welche mitgetragen und auf Wägen mitgeführt wurden:

1677: Dem Bildhauer für die Figur Christi mit 5 Wunden und 2 Schilder, dem Maler von [Markt]Oberndorf zu Fassung der Figur Christi Labrum „Melchisedech und die hl. Messe"

1683: Simon Schwaiger Maler in Wiedergeltingen, für 1 grosse Weintraube zu fassen, für unsers Herrn am Ölberg Mantel und Rock zu machen dem Schneider

1710/11: Hans Bergmüller, Schreiner und sein Bruder Andreas haben zum grossen Umgang der Corpus Christi Bruderschaft zwey Neye Figuren oder Vorstellungen S. Barbara mit dem Thurm ihrem Gefängnus und die Weltkhugl verfertigt. Dem Bildhauer für eine Monstranz … und Johann Evangelist und 4 Insigne zu schneiden.

1713/14: Für die neu gemachte Figur des hl. Antonius

1723/24: Für die Judith im grossen Umgang ein Leibstück gemacht

17224/25: Für Barbara und Kaiserin sind 3 Kronen und 2 Szepter verfertigt und vergoldet worden

1732/33: dem Maler Hans Georg Fischer für die Figur Holofernes ganz neu gefasst … und eine neue Bruderschaftsfahne mit drei Stangen und Labren, dabei Johann Georg Bergmüller, Maler in Augsburg hat man für das gemalte Labrum bezahlt 18 fl 12 kr

1733/34 Dominikus Bergmüller für die gemachte neue Figur zum Holofernes, 3 Helebarden

1747/48: Mathias Hafner für den für die Königin von Saba angestrichenen Sessel und Arche Noe

1749/50: Dominikus Bergmüller *Machung eines Goliathschwerts und Bischofstabes*

1761: Dominikus Bergmüller *für eine neue Figur zur Königin von Saba*

1782: Bernhard Hafner, Maler, *für Umgang gemalte Weintrauben zu der tragenden Figur Josue und Chalep und das Kreuz für die Kaiserin Helena*

1788: Neue Kleider welche Kaiser Konstantin bei dem hohen Umgang tragen, Dominikus Bergmüller für Auf- und Abbau der figuren, 8 neue Wasserwellen, 4 neue Gätter auf einem Triumpfwagen zum hohen Umgang.

Nach diesen Archivalien könnten bei Prozessionen folgende stumme Gruppen mitgegangen und mitgeführt worden sein:

Arche Noah
Joseph und seine Brüder
Josua und Chalep mit Weintraube
David und Goliath
Königin von Saba
Judith und Holofernes
Samson

Christus mit den fünf Wunden
Christus am Ölberg
letztes Abendmahl
Kreuz

Kaiser Konstantin und Kaiserin Helena mit Kreuz
hl. Barbara mit Turm
hl. Antonius
Triumphwagen der Kirche
Papst mit Kelch
Schiff mit Segel.

1803 trat eine staatliche Verordnung in Kraft, welche den bruderschaftlichen Prozessionsprunk untersagte. Dort steht: *Anstatt der ekelhaften Kleidung sollen die Glieder der Bruderschaft in Mänteln erscheinen, für welche sie selber zu sorgen haben, indem eine Auslage aus dem Vermögen der Bruderschaft in Rechnung nicht mehr passirt wird. Können oder wollen sie in Mänteln nicht erscheinen, so ist die Begleitung der Bruderschaften ganz entbehrlich. Auf gleiche Weise werden auch die zwecklosen Stäbe der Bruderschafts-Mitglieder sowohl, als der Glieder des Bruderschafts-Rhats ausser Gebrauch gesetzt und verboten. Ebenso werden die Genien der Bruderschaft mit ihren Pagen als ein andachtsstörender und den Zug überladener Prunk gänzlich beseitigt und ihre Erscheinung allenthalben verboten.* 1839 wurde dieses Verbot aufgehoben.

Anscheinend wurden diese Verbote auch in Türkheim berücksichtig. So begleitete die Prozessionen danach nur noch *ein schwarzes Kruzifix mit Schleier, den 2 Knaben halten (ASB), ein blaues Kruzifix mit Schleier, den 2 Knaben halten (LB), ein rotes Kruzifix mit Schleier, den 2 Knaben halten (CCB),* drei Bruderschaftslabren, 6 Männer für die zwei Drei-Stangen-Fahnen, drei Kruzifixträger, ein Vortragkreuzträger, zwei Laternenträger, Kirchenfahnenträger, vier Himmelträger.

Bei der Prozessionsordnung von 1917 sind die Mitglieder der CCB als Prozessionsteilnehmer nicht mehr extra erwähnt. Nur die Himmelträger, die beiden Rauchmantelhalter und die Mantelherren sind noch als Mitglieder der CCB bei der Prozession dabei.

Hl. Messen

Im Gründungsstatut war vorgesehen, dass für verstorbene Bruderschaftsmitglieder der *Sibent: und dreissigiste gebetet wird.* Weiter soll verstorbener Bruderschaftsmitglieder gedacht werden *in den quatemberlichen Bruderschafts-Seelenämbtern* und am achten Tag nach Allerseelen. Die CCB ließ jede Quatember eine hl. Messe für die verstorbenen Bruderschaftsmitglieder lesen. Weiter stiftete der Türkheimer Pfarrer Adam Deil der CCB vier Quatembermessen. Bis Ende des 19. Jahrhunderts wurde jeden Monat eine Messe für die verstorbenen Bruderschaftsmitgieder gelesen. Am Sonntag nach Fronleichnam fanden sich zahlreiche Priester in Türkheim zum Beichthören und Messelesen ein. Beim Amt an diesem Sonntag wurde der Stifter und Wohltäter der Bruderschaft gedacht. Es waren zeitweise bis zu 15 Priester anwesend. Ab

1732 wurde am Dreikönigstag ein 10-stündiges-Gebet gehalten mit Amt und Predigt. Bis zu 14 Priestern waren an diesem Tag zum Messelesen und Beichthören in der Pfarrkirche. Ab 1811 fand während der Allerseelenoktav ein Amt für die Stifter der Bruderschaft statt.

Bruderschaftshaushalt

Das Herzogspaar stattete die CCB weder mit Grund, noch mit Kapital aus. Der Herzog finanzierte „lediglich" eine Bruderschaftsfahne und die Herzogin ein silbernes, vergoldetes Ciborium. Die CCB Hiltenfingen gab der Türkheimer CCB 1677 ein Labrum, das *Abendmal in Emmaus zeigend,* und das Hausgesinde von Ostettringen spendete ein Labrum, *Elias* und *Maria Magdalena* darstellend. Von der Bruderschaftskirche, dem Türkheimer *Pfarrgottshaus,* bekam die Bruderschaft ein zinsloses Darlehen über 150 fl. Zusammen mit Opfern und Spenden wurde dieses Darlehen im gleichen Jahr, zur Ausstattung der Prozession und dem hohen Umgang, wieder ausgegeben. Deshalb benötigte die CCB im folgenden Jahr wieder ein zinsloses Darlehen über 102 fl vom Türkheimer *Pfarrgottshaus.*
In den folgenden Jahren waren die Ausgaben zwar gering, die notwendigsten Utensilien für die Prozessionen waren ja angeschafft, die Bruderschaft musste jedoch die Darlehen zurückzahlen und man hatte nur Einnahmen aus Spenden und Opfern, jährlich weniger als 30 fl. So wandte sich 1682 die Bruderschaft an den Herzog mit der Bitte, die Strafgelder des Kastenamts der Herrschaft Schwabegg der CCB zukommen zu lassen. Der Herzog schenkte der CCB die Strafgelder des Jahres 1682/83. Die meisten Strafen waren übrigens wegen „folgenreichem Fremdgehen" verhängt worden.

In Zukunft hatte man zwei Einnahmenquellen: a) Pacht- und Gilteinnahmen und b) Zinseinnahemen aus ausgeliehenem Kapital. 1784 hatte die CCB ein Vermögen von 2.864 fl. 1786 wurde dieses mit der Pfarrkirchenstiftung vereinigt.

Eine Bruderschaft war für einen Ort eine wichtige Institution. So gab es damals in Türkheim noch keine Bank oder Sparkasse. Nur bei den Bruderschaften und bei der Kirchenstiftung konnten sich besonders Handwerker Geld zu 5% Zinsen ausleihen.

Jahr	verliehenes Kapital (fl)	tatsächl. Zinseinnahmen (fl)
1687	10	0,5
1693	266	13
1699	875	44
1705	372	19
1718	1530	75
1725	1751	87
1735	1760	88
1748	1733	86
1753	2277	113
1774	2452	121
1778	2470	123

Als Sicherheit diente meist Haus- und/oder Grundbesitz. Oft konnte das Kapital über Jahrzehnte nicht zurück bezahlt werden. Dies ist ein Hinweis, dass viele Bauern, Söldner und Handwerker gerade so viel verdienten, um ihre Familie zu ernähren. Bei Tod oder Verkauf gingen die Schulden auf die Erben über. So musste 1776 Anton Url sein Gut in Amberg für 700 fl verkaufen, da er hoch verschuldet war. Von den 30 fl Schulden bei der Türkheimer CCB konnte er trotzdem nur 15 fl zurück zahlen. 1697 lieh der Türkheimer Kistler Lorenz Witsch von der CCB 30 fl und zahlte dafür jährlich 1 fl 30 kr

1723/24 waren die 30 fl Schulden von *Lorenz Witsch, iezt Johannes Mayr Bildthauer* zurück bezahlt. 1700/01 entlieh *Martin Peyhl, Bildthauer uff Verzünsung 50 fl.* Im Bruderschafts-Rechnungsbuch von 1714/15 heißt es: *Martin Peyhl, iezt Michl Mez, glaser* hat die Schulden übernommen. Hans Bergmüller kaufte von der CCB für 150 fl das *Mahd auf der Halden,* welches der hiesige Pfarrer Adam Deil der CCB für einen Jahrtag gestiftet hatte.

Neben den Zinsen waren Opfergelder eine wichtige Einnahmequelle der Bruderschaft. Jeweils am 2. Sonntag eines Monats, dem Monatssonntag, wurde für die Bruderschaft gesammelt. Es konnte jeweils mit 1 fl – 25 fl an Opfergeld gerechnet werden. An Hl.-Drei-König, dem Titularfest der CCB, wurde ebenfalls gesammelt, ca. 3 fl – 8 fl jeweils. Im Bruderschaftsopferstock in der Pfarrkirche lagen übers ganze Jahr nicht einmal 1 fl. *Einschreibgeld* in die Bruderschaft brachte jährlich 2 fl - 4 fl. Ab Mitte des 18 . Jhds. opferte der Praefekt, die Konsultoren *und andere Persohnen zu den Wachskerzen* der Bruderschaft jährlich 6 fl – 9 fl.

Dann gab es noch Pachteinnahmen: 1684 erwarb die CCB von St. Ulrich und Afra in Augsburg um 678 fl Grundstücke in Oberrammingen, welche einen jährlichen Pacht von 2 fl 18 kr einbrachten. Im 18. Jahrhundert brachten Grundstücke insgesamt der CCB jährlich ca. 10 fl an Pacht. Einen dieser Äcker hatte übrigens Andreas Bergmüller und einen anderen Hans Bergmüller gepachtet.

Ab und zu bekam die CCB Großspenden, so 1696 von Herzog Maximilian Philipp 16 Goldgulden (= 50 fl), oder 1714 vom größten Bauern in Berg, Michael Hartung, 300 fl, oder 1782 von der Witwe Maria Ann Wörl 100 fl.

Diesen Einnahmen standen Ausgaben gegenüber. So mussten Musikanten und Orgelspieler für Bruderschaftsmessen und Prozessionen bezahlt werden. Der Schulmeister erhielt im 18. Jahrhundert jährlich 6 fl *wegen schlagen der Orgel und andere*

Mühen, ab 1776 erhielt Johann Georg Mack, Musikus auf dem Chor jährlich 3 fl und ab 1788 *den Trompetern von gesamten Festtägen 1 fl 12 kr.*

Zum *Hohen Umgang* kam immer viel Volk nach Türkheim. Viele Priester wurden zum Beichthören benötigt und wurden vom Ortspfarrer zum Mittagessen eingeladen und die Bruderschaft übernahm die Kosten von Essen und Trinken der Priester. Bei der Prozession wurden Figuren auf Wagen mitgeführt oder mitgetragen und die Schützen schossen was das Zeug hielt. So heißt es 1705: *Am Bruderschafts Umbgang in der octav christi ist durch die figur, fahrer und laabra trager beim untern Würth verzört: und zahlt worden, so alda weillein der Geistlichkheit Zöhrung in der Kürchenrechnung einkombt 10 fl.* Das auf- und abbauen der Bruderschaftsprozessionswagen kostete die Bruderschaft jährlich um die 20 fl.

Ab 1732 wurde am Dreikönigstag ein 10stündiges Gebet gehalten. Dafür wurde der Pfarrer, der Schulmeister für Musik und weitere Bruderschaftsmitglieder entschädigt. Noch im 19. Jahrhundert erhielt der Pfarrer von der CCB für ein Hochamt mit Predigt 2 fl und für die Predigt am Nachmittag 1 fl von der Bruderschaft.

1693 stiftete der Türkheimer Pfarrer der CCB einen Jahrtag für die Bruderschaftsmitglieder um 100 fl. Dieser musste am Mittwoch nach Allerheiligen gehalten werden. Drei Jahre später erweiterte er diesen Jahrtag um 150 fl. Das brachte einen Zins von 7 fl 30 kr. Am Montag oder Mittwoch in der Drei-Königs-Oktav wurde dieser Jahrtag gehalten mit Vigil, gesungenem Seelenamt und 2 hl. Messen. Der Pfarrer hielt Vigil und Amt (1 fl), der Frühmesser Vigil und 1 Nebenmesse (45 kr), ein weiterer Priester Vigil und 1 Nebenmesse (36 kr), der Mesner erhielt 1 fl, die Musikanten 30 kr, die beiden Kirchenpfleger bzw. Bruderschaftskassier für das Opfergehen 15 kr und 6 Ministranten 6 kr.

Für das Lesen der vier Quatembermessen bezahlte die CCB dem Pfarrer noch im 19. Jh. 2 fl.

1713 stiftet Michael Hartung, Bauer in Berg, der CCB die ungeheure Summe von 300 fl für einen Jahrtag mit 2 hll. Messen und monatlich einer hl. Messe *für sich , seine nächsten Befreundeten und die armen Seelen insgemein.* Noch 1873 steht im Jahrtagbuch: *Jahrtag von Michael Hartung, 1 Messe und 1 Nebenmesse.*

Wohl laut Bruderschafts-Magistrats-Beschluss wurden in der Oktav des Fronleichnamsfestes und der Oktav von Allerseelen je ein Amt für die verstorbenen Bruderschaftsmitglieder und für das Herzogspaar gehalten. Dafür musste die Bruderschaft den Pfarrer, den Schulmeister, die Musikanten, den Kalkanten und die Ministranten entschädigen.

1734 wurde in Türkheim die Karfreitagsprozession eingeführt und jährlich von der CCB mit 28 fl bezuschusst.

1697/98 stiftete die Herzogin Mauritia Febronia der CCB 80 fl. Vom Zins dieses Kapitals sollte man jährlich zwei Knaben bezahlen, welche den *Himmel unter welchem das Hochwürdigiste Guet zu den Kranken getragen wird* tragen. Diese Krankenkommunion wurde besonders in den Kar- und Ostertagen gespendet. 1769: *2 Himmelträger worunter der Priester mit dem Sanctißimo zu denen Kranken gehet, wurde anheuer wegen ihrer Nachlössigkeit abgereicht loco der sonst gewöhnlichen 3 fl: 1 fl 30 kr.* Ende des 18. Jahrhunderts hörte dieser Brauch auf.

Dann gab es noch unregelmäßige Ausgaben. So ließ die CCB 1705, anlässlich des Ablebens des Herzogs, eine Vigil, ein gesungenes Requiem und vier hl Messen lesen. Hierbei erhielt der Organist *Franz Kayser und andere musicanten vom requiem zu musicirn 2 fl.* 1706/07 kaufte die CCB *für ein Pluvial von Schwarz und weiss Damast gebluemt mit kleine und grosse Seidene Franzen 16 fl.* 1710/11 gab die CCB ein zinsloses Darlehen über 335 fl für den Bau eines neuen Schulhauses. 1714 kaufte die

Bruderschaft für 228 fl (!) *5 neue Labra vom Mahler* und ein Jahr später eine große rote Fahnen mit 3 Stangen, 4 Fahnenträger-Röcke, ein neues Velum über das Kruzifix und 20 Bruderschaftsstäbe. 1725 bezuschusste man eine neue Monstranz mit 44 fl, und 1730 ein neues Geläut. 1735/36 ließ man 550 neue Bruderschaftszettel bzw. – büchlein stechen und drucken und 10 Jahre später weitere 1.000. 1774 musste man wieder Perücken kaufen, vielleicht für die Edelknaben. 1776 besserte der Maler Franz Joseph Kaspar die Bruderschafts-Stäbe aus und 1778 schnitzte Johann Leutner ein neues Kruzifix.

Die Bruderschafts-Rechnungen wurden von der kurfürstlichen Hofkammer in München überprüft, auch um die Besteuerung der Bruderschaft zu berechnen Die Bruderschaftssteuer an den Staat betrug jährlich ca. 11 fl. 1769 wurde von der CCB ein *Kriegsbeitrag von 1 fl 54 kr verlangt* und eine Jahr später *eine Landschutzgebühr über 3 fl 40 kr.* Ab 1786 wurde auf *bevelch der churfürstl: Hochlöblichen Hofkammer in München* (Beschluss vom 30.12.1785) das Vermögen der CCB in das Vermögen des *Pfarrgottshauses* eingegliedert, allerdings als gesonderter Posten. Die Einnahmen bestanden aus Getreidegilt (ca. 7 Schäffel) und Opfergeldern (ca. 18 fl) pro Jahr.

Bezahlt werden mussten auch hll. Messen wie die Quatembermessen, das 10stündige Gebet an Dreikönig und am Sonntag nach Fronleichnam. Bezahlt wurde nicht nur der Pfarrer, sondern auch der Schulmeister als Organist, der Kalkant, die Ministranten und die 6 Edelknaben. Für besondere Bruderschafts-Feste gab es auch noch Ausgaben für die Musikanten und Personen, die an den CC-Prozessionen *haben gebrauchen lassen Ende des 19. Jhds. wurde in den Rechnungsbücher der Kirchenstiftung die Ausgaben nicht mehr aufgeschlüsselt und lassen sich deshalb nicht mehr im einzelnen nachweisen.*

Von 1945 - 1987– gibt es wieder ein Bruderschafts-Rechnungbuch. 1980 ist der größte Einnahme-Posten das Opfer an Dreikönig über 190 .- DM und als Ausgaben für den Mesner 20 DM, für 5 hl. Messen 60 DM und für Blumenschmuck an Fronleichnam 30 DM. Der letzte Kassenstand am 1. Jan 1987 war 235,18 DM Guthaben.

Bruderschaft der immerwährenden Anbetung des Hochheiligen Sakraments

Gleichzeitig mit der Corpus-Christi-Bruderschaft wurde in der Pfarrkirche in Türkheim am 14. Juni 1676 die „Bruderschaft der immerwährenden Anbetung des Hochheiligen Sakraments" eingeführt. Vorbild dürfte die vom Kapuzinerpater Ludwig von Deggendorf am 27. Dezember 1674 in St. Peter in München eingeführte „Ewige Anbetung" gewesen sein. Der Kapuziner wurde dabei unterstützt von Kurfürst Ferdinand Maria (1636 – 1679), dem Bruder von Herzog Maximilian Philipp, der in einem Schreiben an Bischöfe, Regierungen und Magistrate von Städten aufforderte, in Ihren „Landen" diese Anbetung einzuführen. Pater Ludwig dürfte auch die Statuten der Türkheimer IAB entworfen haben.

Die IAB und die CCB waren *separiert und es stand iedem frei, in beede oder in eine oder die andere allein sich einzuschreiben.* Die IAB hatte keinen Magistra, kein Vermögen, wohl aber eigene Statuten. Der Hauptpunkt dieser Statuten war die Pflicht, einmal im Jahr eine Stunde vor dem Tabernakel in der Pfarrkirche in Türkheim zu beten. Deshalb wurden solche Bruderschaften auch Stundenbruderschaften genannt. Ein Mitglied der CCB hatte nur die Zusatzpflicht des jährlich einstündigen Gebets, um auch der IAB anzugehören. Auch die wichtige Intention, nämlich die Verehrung des Allerheiligsten, war in beiden Bruderschaften die gleiche. Dies führte dazu, dass schon nach wenigen Jahren nur noch offiziell die beiden Bruderschaften unterschieden wurden. Das Bruderschafts-büchlein von 1736 ist betitelt mit: *Handbuch Deren löblichen Buderschafften Corporis Christi und Immerwährender Anbettung des Hochheiligisten Sacrament des Altars.* So ging die IAB allmählich in der CCB auf. Im Urbar von 1787 wird die IAB nicht mehr erwähnt. In den CCB-Statuten von 1876 ist das jährliche Stundengebet der IAB auch Hauptpflicht der CCB.

Nach der Statuten der IAB waren die Pflichten:
1 Jedes Bruderschaftsmitglied hat jährlich eine zugeloste Betstunde.
2. In der Woche, in welcher diese Betstunde ist, soll das Mitglied zur Beichte gehen und die hl. Kommunion empfangen.
3. In der Betstunden soll man dreimal den Dreißiger beten oder eine Betrachtung über das bittere Leiden und Sterben Christi oder das unerforschliche Geheimnis des allerheiligsten Altarsakraments anstellen.
4. Die Betstunde soll in der Türkheimer Pfarrkirche, der Bruderschaftskirche, vor dem Tabernakel zugebracht werden. Ist man auf Reisen, so kann auch an anderem Ort, ist man krank, so kann auch zu Hause gebetet werden oder man kann andere Bruderschaftsmitglieder bitten, die Betstunde zu übernehmen.
5. Am Sonntag in der Oktav von Fronleichnam soll jedes Mitglied beichten und kommunizieren.
6 Alle Quatember soll eine hl. Messe für die verstorbenen Bruderschaftsmitglieder und eine für die lebenden Bruderschaftsmitglieder gelesen werden.
Ziel der IAB war also eine immerwährende Anbetung des hochheiligen Altarsakraments. *Weillen gleich anfangs die Hoffnung nit gemacht, daß alle stundten des jahrs complirt werden können, so hat man die abweichung der stundten von tag zu tag an Handt genommen, damit wenigist alle tag ein und anderer Mensch sein gebett verrichte, bis es gleichwohl mit der gnad gottes dahin komen möchte, sovil Brieder und Schwester vorhanden zusein, daß Gott im allerheilligisten Sacrament stündtlich verehrt und angebettet werden.*

Armen-Seelen-Bruderschaft

In Türkheim soll *nach inhalt der ältesten Bruderschafts Acten ungefehr* 1590 eine Armen-Seelen-Bruderschaft gegründet worden sein, allerdings schlief diese wieder ein.

1677, ein Jahr nachdem Herzog Maximilian Philipp in Türkheim die CCB gegründet hatte, führte die *geliebteste Frau Gemahlin, die durchlauchtigiste Fürstin und Frau, Frau Mauritia Febronia, in Ober- und Niederbayern, auch der Oberpfalz Herzogin, Pfalzgrafin bei Rhein, Landgräfin zu Leuchtenberg, geborene Herzogin von Boullion und Auvergne ... Irem Herrn und gemahl in der Andacht nachfolgend, diesorts* (= in Türkheim) *auch eine Bruderschafft ein, um aus Lieb und christlichem Mitleid ... den Armen in der Pein des Fegfeuers leidenden Seelen* zu helfen. Ein Bedarf war anscheinend vorhanden. Es scheint, dass den frommen *Christen der Weg uf viele Meilen nit zu beschwerlich fallet, die Umbgäng und Ablaß in solchen Mengen zu besuchen, dass man fast allezeit von 3, 4 bis 5.000 Personen in solchen Orten* mit Bruderschaften *zehlen kann.* In der St. Lorenz Kapelle im Alten Hof in München gab es seit 1615 schon eine Armen-Seelen-Erzbruderschaft. Eine neue Bruderschaft konnte sich an eine Erzbruderschaft angliedern, quasi eine Filiale der Erzbruderschaft werden. So *participirte* die neu gegründete Bruderschaft *die Statuta* der Erzbruderschaft und erhielt dafür die, der Erzbruderschaft vom *päpstliche Stuhl erhaltenen Indugentien und Priviligien.* Am 8. Februar 1677 wurde die Türkheimer ASB in die Münchener Erzbruderschaft aufgenommen. Am 20. Februar 1677 erhielt sie auch vom *Herrn Johann Christoph, Bischof zu Augsburg,* die Bestätigung. Dort heißt es: *eine fromme Bruderschaft beiderlei Geschlechts unter dem Titel und der Erinnerung an die verstorbenen Gläubigen in der Kirchen der B.M.V. von Türkheim zu errichten und der geachteten Bruderschaft desselben Titels in München einzugliedern [...] wie sie sodann auch die Statuten und Regeln derselben Bruderschaft [...]* übernimmt.

Durch eine päpstliche Bulle vom 27. November 1677 wird der Josephsaltar in der Türkheimer Pfarrkirche (linker Seitenaltar) für die ASB priveligiert. Dor steht: *Zum Heil aller statten wir mit väterlicher Güte bisweilen heilige Orte mit geistlichen gaben der Ablässe aus, dass sodann die Seelen der verstorbenen Gläubigen die Hilfen der Verdienste unseres Herrn Jesus Christus und der Verdienste seiner Heiligen erlangen, und mit ihrer Hilfe von den strafen des Fegfeuers zum ewigen Heil durch das Erbarmen Gottes geführt werden können. Wir wünschen dies für die Pfarrkirche der Seligen Jungfrau Maria des Ortes oder der Stadt genannt Türckheim der Diözese Augsburg ... In dieser Kirche (wie berichtet wird) bestehen zwei Bruderschaften beiderlei Geschlechtes offenkundig mit einem Altar unter der Anrufung des Sakramentes der heiligen Eucharistie zu Fürsprache für die Seelen der verstorbenen Gläubigen, kanonisch errichtet. Es findet sich dort kein anderer privilegierter zugestandener Altar. Dort werden täglich zwei Messen gefeiert. Wir wünschen, auch den in dieser Kirche stehenden Altar des heiligen Joseph mit diesem besonderen Geschenk auszustatten, geneigt auf die Bitten des geliebten Sohnes Maximiliani Phillippe utriusque Bavariae Prinicpis [...] et dilectae in [...]... Filiae Nobilis mulieris Mauritiae Febroniae Bulloniae.*

10-Stündiges Gebet und Verhältnis zur CCB

Am 25. Juni 1732 beschoss das Bruderschaftskonsilium, da es die Finanzen erlauben, jeweils am Laurentiustag, ein 10stündiges Gebet *zur erlösung der armen betrangten in dem feurigen Kerckher des Fegfeurs leidenten Seelen* zu halten. Es war wie folgte organisiert: 6 Uhr Aussetzung des Allerheiligsten mit Segen und Frühamt, 7 Uhr hl. Messe, 8 Uhr levitiertes Hochamt mit Predigt, 11 Uhr hl. Messe, 13.30 Uhr

Bruderschaftskonvent, 14 Uhr feierliche Vesper mit Bruderschaftsopfer, danach Rosenkranz für die verstorbenen Bruderschaftsmitglieder, danach Lauretanische Litanei, danach gesungene Predigt und Bruderschaftssermon oder Predigt, danach Prozession und Segen mit dem Allerheiligsten.

Es scheint, dass die CCB und die ASB nahezu die gleichen Mitglieder und auch den gleichen Magistrat hatten. Verschieden waren nur die Kassierer. Auch hatten beide Bruderschaften eigene Kassen, wenigstens bis 1920. Ab 1773 wurde man mit einer Einschreibung beiden Bruderschaften einverleibt. 1736 brachten beide Bruderschaften gemeinsam ein Gebetbüchlein mit dem Titel *Hand-Buch Deren Löblichen Bruderschafften CORPORIS CHRISTI und Immerwährender Anbettung des Hochheilligisten Sacrament des Altars: Dann auch Der Löblichen Bruderschafft alle Christgläubigen Seelen des Fegfeurs* heraus. Das Bruderschaftsbüchlein von 1852 ist betitelt mit: *Der zur Anbetung des allerheiligsten Altarsakraments und zu Hilf und Trost der Seelen im Fegfeuer in der Pfarrkirche des k.b. Marktes Türkheim errichteten Bruderschaft.* Hier erkennt man die Verschmelzung der drei Bruderschaften in eine. Der Türkheimer Pfarrer Oswald Läuterer stellt in dem von ihm heraus gegebenen Bruderschaftsbüchein fest, dass es sich bei der ASB um eine selbständige, von der CCB unabhängige Bruderschaft handelt, die 1785 mit der CCB zu einer Bruderschaft vereinigt wurde.

Mitglieder

Im *Turckheimbischen Matricula Der löblichen Bruederschafft unter dem Titul der Hilff aller abgestorbenen Christgläubigen in der Bein des Fegfeyers leydenden Seelen* sind die bis 1773 neu der

Bruderschaft *einverleibten* Mitglieder eingetragen. Darin finden sich 4056 eingeschriebene Mitglieder, 1805 Männer, 2251 Frauen, 1086 Türkheimer. Bedenkt man, dass im 18. Jahrhundert Türkheim 800 – 900 Einwohner hatte, so ergibt sich, dass der überwiegende Teil der erwachsenen Türkheimer Bruderschaftsmitglieder waren.

Im Gründungsjahr 1677 ließen sich 384 Personen der Bruderschaft *einverleiben*.

Einschreibungen in die ASB in Türkheim

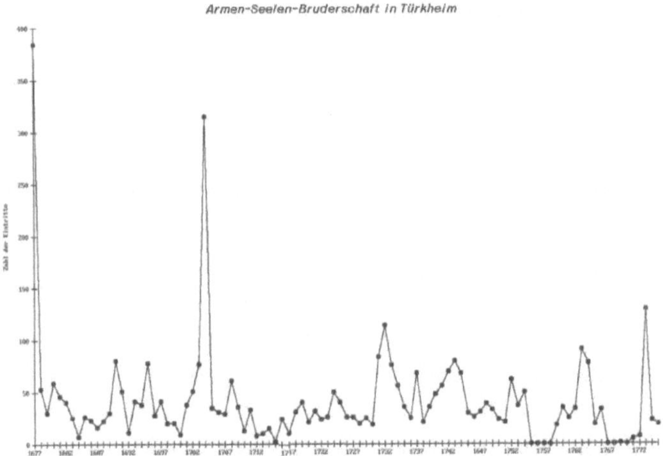

Mitglieder der ASB in Türkheim

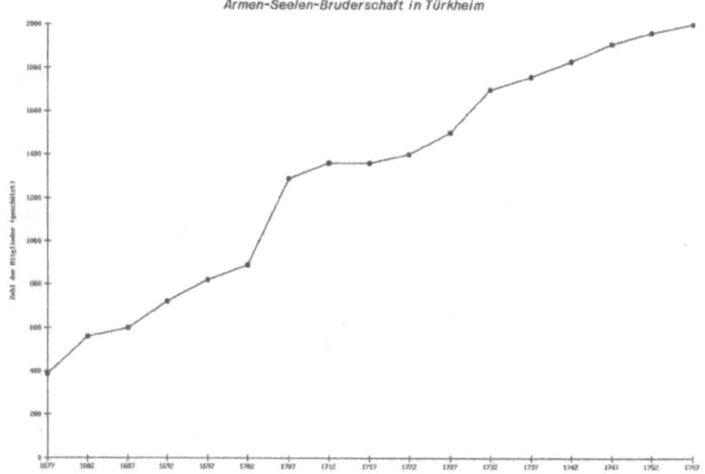

So lange das Herzogspaar lebte traten viele Hofbedienstete
und Adelige der Bruderschaft bei (Valentin Drexl, Kastner der
Herrschaft Schwabegg; Carl Constantin Fugger, Graf zu
Kirchheim und Weissenhorn, Kammerer von Maximilian
Philipp; Johan Ludwig Dietz von Weidenberg auf Wildenau,
Landrichter, Amtsverwalter und Forstmeister von Maximilian
Philipp in Leuchtenberg; Johann Hilburger, Gerichtsschreiber
der Herrschaft Schwabegg, Christoph Franz Albert des hl.
röm. Reichs Graf von Muggenthal, Philipp Joseph Freiherr
von Stein, Maria Anna Theresia Fuggerin von Kirchberg und
Weissenhorn. Auch der geistliche Stand war vertreten, so die
Pfarrer von Hiltenfingen, Honsolgen, Ettringen, Wörishofen,
Tussenhausen, Mattsies, Schwabmünchen, Weicht, Klimmach,
Ramming, Patres aus dem Prämonstratenserkloster Steigaden,
der Abt von Riedlingen und viele Kapuziner sowie
Klosterfrauen z.B. Maria Juliana Lindenmayrin von München
und der Eremit von Schwaz. Weiter finden sich unter den
Bruderschaftsmitgliedern auch Künstler und Handwerker wie

Martin Beyl (Beichel), Bildhauer, Johann Georg Bergmüller (1698), Josef Anton Hafner (1723), Johann Martin Anwander aus Rappen (1729), Severin Buder (1732), Johann Bergmüller (1732), Dominikus Bergmüller (1732), Jgnatius Hillebrand (1733), Johann Caspar Wilhelm Högenauer (1742), Katharina Högenauer von Pfullendorf (1743), Josef Pfeiffenhofer (1747), Johann Chrysostomus Leutner (1747), Fidelis Gabriel Högenauer (1753).

Aus dem Mitgliederbuch von 1710 geht hervor, dass 70% Männer ledigen Standes und 54% Frauen ledigen Standes eingeschrieben waren. Die meisten Nichttürkheimer Mitglieder kamen aus Ettringen (154), Rammingen (106), Berg (84), Tussenhausen (65), Irsingen (62), Amberg (56), Stockheim (54), Wiedergeltingen (53), Mattsies (44), Mindelheim (42), Wörishofen (38), Zaisertshofen (34), Markt Wald (32), Hiltenfingen (30), Siebnach (26), Kirchdorf (23), Nassenbeuren (23). 368 Mitglieder kamen aus dem heutigen Regierungsbezirk Schwaben, vor allem aus Augsburg. 32 Mitglieder wohnten in Ammergau und Graswang. Grund dafür dürfte sein, dass die Herrschaft Hohenschwangau auch dem Herzog gehört hatte. Auch aus Altbaiern, so aus München oder Landsberg a.L. kamen Mitglieder. 69 Mitglieder schrieben sich aus der Herrschaft Leuchtenberg, in der Oberpfalz, welche dem Herzog gehörte, in die Bruderschaft ein. Auffallend sind 22 Einschreibungen aus Tirol. Die weitest entfernten Bruderschaftsmitglieder lebten in der Schweiz (7), Italien, Burgund, Freiburg im Breisgau, Preßburg in Oberungarn, Prag in Böhmen, Breslau in Schlesien, Steiermark. Aus Gunzenhausen ließ sich ein Konvertit in die ASB einschreiben.

Wie schon erwähnt wurden die Gründungsstatuten von der Münchner Erzbruderschaft übernommen. *Das zihl und Endt dieser Bruederschaft ist, denen Christgläubigen in dem Fegfeur gepeinigten Seelen, fürnemmlich dennen, die sonsten keine sonderbahre bestimbte fürbit haben ... zue helfen.* Dieses Ziel ist zu erreichen *durch allerlei gottgefällige und verdienstliche werckh sonderlich durch das heyl Messopfer ...* Die 14tägige Seelenmesse sollen an einem Dienstag am Josephsaltar gelesen werden. Stirbt ein Bruderschaftsmitglied, so ist die nächste Seelenmesse für ihn zu lesen. Die Mitglieder sollen fleißig an diesen Messen teilnehmen. Die acht Quatembermessen sollen gelesen werden an den Dienstagen und Mittwochen die auf folgende Sonntage folgen: *umb den andern Sontag in der Fasten, nach der Heyl Dreyfaltigkeit, nach Kreuzerhöhung, am Sonntag nach Allerseelen.* Am Mittwoch sollen immer alle zwischenzeitlich verstorbenen Bruderschaftsmitglieder verlesen und *in das Opfer der hl. messe und das allgemeine Gebet eingeschlossen werden. Die Mitglieder sollen fleissig die Bruderschaftsgottesdienste besuchen und in die Bruderschaftskasse opfern, damit man mit diesem Geld weitere hl. Messen für die verstorbenen Mitglieder lesen lassen kann.* Alle Bruderschaftsmitglieder sollen täglich *für die Lieben Seelen im Fegfeuer* 5 Vater Unser, 5 Ave Maria und *den Glauben mit zugesetztem Wunsch, herr gib ihnen die ewige Ruhe und das ewige Licht leuchte ihnen* beten. Die hl. Beichte und Kommunion, als *Mittel der Gnade Gottes* sollen allen Bruderschaftsmitgliedern *fleissig lassen befohlen sein.* Der Sakramentenempfang soll erfolgen besonders an Weihnachten, Ostern, Sonntag nach dem Fronleichnamsfest und Sonntag nach Allerseelen. Die in einem Jahr Verstorbenen werden beim Quatembergottesdienst nach Allerseelen vorgelesen und für sie nochmals gebetet.

Die Bruderschaft wird *regiert* von dem Ortspfarrer als geistlicher Praeses, einem Praefekten, 2 Beisitzern, 6 Consultores, einem Sekretär, einem Kassier, einem Bruderschaftskaplan, welcher der Frühmesser von Türkheim ist und einem Mesner. Dieser Magistrat wird jährlich gewählt.

Dabei ist zu achten, *dass beide Bruderschaften* (die CCB und die ASB) *nit vermischt* werden.

In die Bruderschaft können aufgenommen werden Menschen *beyderlei Geschlechts, Geistliche und Weltliche, Menschen hohen und niederen Standes, Junge und Alte.*

Zweimal im Jahr ist in der Pfarrkirche Bruderschafts-Versammlung abzuhalten und zwar am Drei-Königs-Tag und am Michaelstag. Am Anfang der Versammlung singt man *Komm du Schöpfer* mit dem *Versicul* und dem *Gebet vom Hl. Geist.* Am Ende betet der Praefekt den Psalm *Aus der Tiefe...* und ein Gebet vor und die Versammelten sprechen es nach. Dazwischen kann etwas *aus einem tauglichen Buch* vorgelesen werden.

Ablässe

Vollkommene Ablässe konnten Bruderschaftsmitglieder gewinnen am Tag der Aufnahme in die Bruderschaft, in *Todesnähe* nach Empfang des *hochwürdigisten Sacraments* oder, wenn solches nicht möglich ist, *durch Anrufung mit Mund und Herzen den hochheiligisten Namen Jesu,* am Laurentiustag, am Michaelstag, am Fest der Apostel Simon und Judas Thaddeus, an Allerheiligen, an Allerseelen, am Fest des Apostels Andreas, an Weihnachten, an Hl.-Drei-König, an Maria Lichtmeß, an Laetare, am Fest der Apostel Philipp und Jacob und am Fest Johannes Bapt.

Ablässe auf 7 Jahre und ebensoviel Quadrogene kann man erhalten am Fronleichnamstag, an Pfingsten, an Mariä Verkündigung und an Maria Geburt.

Diese Ablässe erhält man, wenn man, nach Beichte und Kommunionempfang in der Türkheimer Pfarrkirche zur Ausrottung der Ketzerei, zur Erhöhung der kath. Kirche und für die Einigung der christlichen Fürsten und Potentaten 5 oder 7 Vater unser und ebensoviel Ave Maria und den christlichen Glauben betet.

Ablass auf 60 Tage erhält ein Bruderschaftsmitglied wenn es einer hl. Messe in der Bruderschaftskirche, der Pfarrkirche in Türkheim, beiwohnt, wenn es zu einer Bruderschafts-Zusammenkunft kommt, wenn es einen Armen beherbergt, wenn es Friede und Einigkeit zwischen Feinden herstellt, wenn es einen Verstorbenen zum Begräbnis begleitet, wenn es an Prozessionen teilnimmt, wenn es das hl. Sakrament zu den Kranken begleitet, wenn es bei Begräbnissen oder bei Prozessionen oder bei der Begleitung des hl. Sakraments zu Kranken teilnimmt, wenn es im Verhinderungsfall ersatzweise 1 Vater Unser und 1 Ave Maria betet, wenn es für die verstorbenen Brüder und Schwestern fünf Vater unser und fünf Ave Maria betet, wenn es einen Sünder auf den guten Weg bringt, wenn es die Unwissenden *in denen zur Seeligkeit notwendigen Stücken lehrt,* wenn es seinem Nächsten ein Werk der christlichen Liebe erweist.

Einen speziellen Ablass erhielt die Türkheimer ASB, wohl auf Begehren von Herzog Maximilian Philipp, von Papst Innozenz XI. In einer päpstiche Bulla steht: *Im Vertrauen auf das Erbarmen des allmächtigen Gottes und den Einfluss der seligen Apostel Petrus und Paulus gewähren wir den Ablass, dass, wann immer ein Säkularpriester einer beliebigen Regular-Ordnung eine Messe für die Verstorbenen am Tag der Erinnerung an die Verstorbenen und an einzelnen Tagen innerhalb jener Oktav und am Montag einer beliebigen Woche für die Seele eines beliebigen Christen, die mit Gott in Liebe verbunden von dieser Welt gegangen ist, am vorgenannten Altar* (=Josephsaltar = linker Seitenaltar der Pfarrkirche) *feiern wird, die Seele selbst aus dem Schatz der Kirche nach der Art und Fürbitt den Ablass erhält, so, dass die Verdienste unseres selben Herrn Jesus Christus und der seligisten Jungfrau Maria und aller Heiligen für sie* (=Seele) *eintreten und sie von den Strafen des Fegfeuers bereit wird. Dies gilt ohne Einschränkung für die Gegenwart und Zukunft. Gegeben zu Rom bei Santa Maria Maggiore unter dem Fischerringe am 27. November 1677, im zweiten Jahr unseres Pontifikates, dass dies mit apostolischer Erlaubnis veröffentlicht wird und in diesem Sinne im Herrn praktiziert wird, wird genehmigt.*

Im Urbar von 1790 sind alle vollkommenen Ablässe des ASB noch enthalten. Von den Teilablässen gab es nur noch den 7-jährigen Ablass zu Pfingsten. Im Bruderschaftszettel von 1852 ist kein Ablass mehr aufgeführt, der ausschließlich auf die ASB zurückgeht.

Versammlungen

Am Drei-Königs-Tag und am Michaelstag war Bruderschafts-Versammlung in der Pfarrkirche.

1734 wurde festgelegt, dass das Konsilium der ASB am Fest der hl. Afra (7. August), also vor dem Fest des Bruderschaftspatrons, des hl. Laurentius (10. August), abgehalten wird. Die allgemeine Versammlung soll am Fest der hll. Apostel Philipp und Jakob stattfinden.

Zum Konsilium traf sich der Magistrat um 13 Uhr im „Oratorium". Zu Beginn *kniet der Herr Praefect neben dem Herrn Praeses vor dem Crucifix, so zwischen zwey brennenden Leichtern […] und bettet das im Bruederschaftsbichl vorgeschriebenen Gebett.* Dann berät man über das Wohl der ASB: *Alsdan bringt ein ieder seine Meinung offentlich vor, was etwan in der Bruederschaft sollte geendert werden.* Beschlüsse werden in das Bruderschaftsbuch eingetragen.

Bei der allgemeinen Versammlung, am Fest Philippus und Jakobus, fand sich der Magistrat um 13 Uhr in den Chorstühlen der Pfarrkirche ein: Der Praefekt und der Praeses knien an den Altar und man betet den *Hymnus zu dem Heyl.*

Geist. Nach weiteren Gebeten und dem *Bruderschafts-Sermon* schließt die Versammlung.

Spätestens Anfang des 20. Jhds. werden keine Konsilien und Versammlungen mehr abgehalten. Im Bruderschafts-Büchlein der CCB von 1931 steht: *in früheren Zeiten waren jährlich vier Versammlungstage* (zwei für die CCB, zwei für die ASB) *weil aber schon seit vielen Jahren drei jener Versammlungstage nicht mehr gebotene Feste sind* (Afra, Michael, Philipp und Jakob), *so wird nur eine Hauptversammlung am Feste der Erscheinung des Herrn [...] gehalten.*

Bruderschaftsmagistrat

Dieser bestand aus einem Praeses (dem jeweiligen Orstpfarrer), dem Praefekten, zwei *Beistendern,* sechs Konsultoren, einem Sekretär, einem Kassier, einem Bruderschaftskaplan (der Benefiziat bzw. Frühmesser von Türkheim) und einem *Custor.* Dieser Magistrat wurde jährlich von den männlichen Bruderschaftsmitgliedern gewählt. Erster Praefekt war Herzog Maximilian Philipp.

Neben dem Magistrat wurden auch die Männer, welche *in Röcken und mit Stäben* die Prozessionen begleiten sowie die Träger der Bruderschaftsfahnen und des Bruderschafts-Kruzifixes bestimmt.

Die ASB beteiligte sich an den üblichen Prozessionen personell und finanziell. Von 1734 bis 1784 bezuschusste die ASB die Karfreitagsprozession jährlich mit ca. 4 fl. 1766 erhielt Dominikus Bergmüller *vor Aufrichtung der Figuren in der Charfreytag Proceßion die aber wegen eingefallenen üblen Wetter nicht gehalten werden kann* von der ASB 1 fl 45 kr. 1776 zahlte die ASB dem *Paul Gedler alhier, damit zur Karfreitagsprozession 10 neue Kreuz verfertiget werden können,* 3 fl. Einmal sind bei den Ausgaben der ASB 2 fl 15 kr erwähnt *vor die Gaisler Kutten zu waschen.*

Besonders an ihrem Hauptfest, am Laurentiustag, zeigte sich die ASB in der Öffentlichkeit: Ab 1732 fand am Nachmittag zu Abschluss des 10stündigen Gebets, wenn es das Wetter zuließ, eine Prozession von der Pfarrkirche bis zur Kapuzinerkirche statt.

Hl. Messen

In den Statuten der ASB steht: *Das zihl und Endt dieser Bruederschaft ist, denen Christgläubigen in dem Fegfeur gepeinigten Seelen [...] sonderlich durch das heyl. Messopfer zue helfen.* Deshalb ist in den Statuten vorgesehen, für die verstorbenen Bruderschaftsmitglieder jede zweite Woche eine hl Messe und zusätzlich 8 Quatembermessen lesen zu lassen. Das waren im Jahr 34 Messen. Im bischöflichen Gründungsschreiben heißt es, dass die Herzogin Mauritia Febronia *noch dazu für vierunddreißig Messen [...] 226 Gulden, die zum Vorteil und zur Aufbesserung des Primisariates aufzuwenden sind, geschenkt* hat. Schon bald nach der Gründung wurden für die Verstorbenen des ASB folgende Messen gelesen: ab 1681 wöchentlich eine hl. Messe am Montag am Josefsaltar durch den Frühmesser, jeden Montag nach dem Monatssonntag eine hl. Messe, ab 1811 nur noch eine Quatembermesse. In der Allerseelen-Oktav ab 1682 ein Seelenamt und drei stille Requien und ab 1731 noch eine weitere hl. Messe. Ab 1811 wurden diese Messen in der Armenseelen-Oktav ersetzt durch eine Vigil, zwei Nebenmessen, Predigt am Nachmittag und eine Abendandacht, je eine hl. Messe am Mittwoch nach dem Schutzengelfest und am Mittwoch nach Mariä Himmelfahrt. 1731 wurde das 10stündige Gebet am Laurentiustag eingeführt mit vier hll. Messen. Ab 1811 wurde dieses ersetzt durch ein Hochamt mit Predigt am Vormittag und am Nachmittag eine Andacht mit Predigt. Anscheinend ließ die Bruderschaft auch unregelmässig hll. Messen lesen. So steht 1774 in der Bruderschaftsrechnung: *Seit einigen Jahren für die aus dieser Bruderschaft gestorbenen viele Brüder und Schwestern 73 hll. Messen aufgeschwollen, welche gelesen werden sollen.* Der Frühmesser erhielt für jede gelesene hl. Messe 20 kr, der Mesner 3 kr.

Brudershaftshaushalt

Bei der Gründung stattete Herzogin Mauritia Febronia die ASB mit 226 fl (Jahreszins: 11,3 fl) und Grundstücken aus. In der bichöflichen Gründungsbulla steht, dass die Herzogin *für vierunddreißig Messen [...] 226 fl geschenkt hat [...] so auch zu dem Zweck eine Wiese, allgemein das Bergmad, die um den derartigen Preis beschafft und auf Dauer dem Primisariat (Frühmessstiftung) eingegliedert ist mit den Auflagen und Bedingungen, welche in den Schriften, die von uns zur Bestärkung herangezogen wurden, besonders enthalten sind und welche ausdrücken sollen, wie die vorgenannten Regeln dem wort nach auszulegen und anzuwenden sind.* 1677/78 stiftete Herzog Maximilian Philipp 100 fl und sechs Tagwerk *Mäder*. Die Grundstücke wurden verpachtet, der Pacht floss der ASB zu. Durch weitere Zustiftungen und Spenden steigerte sich das Bruderschaftsvermögen:

Jahr	Vermögen der ASB
1680	333fl
1703	1092 fl
1742	4570 fl
1772	6401 fl

Ab 1786 wurde das ASB-Vermögen mit dem des „Pfarrgottshauses", später Kirchenstiftung genannt, vereinigt.

Die ASB konnte Geld zu 5% Zins verleihen

Jahr	verliehenes Geld
1681	14 fl
1709	1280 fl
1742	3049 fl
1772	5531 fl

Damit gehörte die ASB nach dem *Pfarrgottshaus* zum grössten Geldverleiher in Türkheim. Auch Bauern, Söldner und Handwerker benachbarter Orte liehen sich von der ASB Geld. Die Bruderschaften als Geldverleiher waren für einen Ort von großer Bedeutung. Besonders Handwerker mussten oft in Vorleistung gehen, sich deshalb Geld leihen und die einzigen Geldverleiher vor Ort waren oft nur die Kirche und die Bruderschaften. Der Zins war immer 5%.
Türkheim konnte auch nur deshalb Zentrum mittelschwäbischer Bildhauerei werden, da man bei der ASB Geld leihen konnte:

Jahr	Bildhauer	entliehenes Geld
1689	Andreas Bergmüller	10 fl
1700	Martin Beichl	50 fl
1728	Ignaz Hillebrand	150 fl
1750	Dominikus Bergmüller	30 fl
1772	Johann Leuttner	70 fl
1785	Ignaz Hegenauer	30 fl

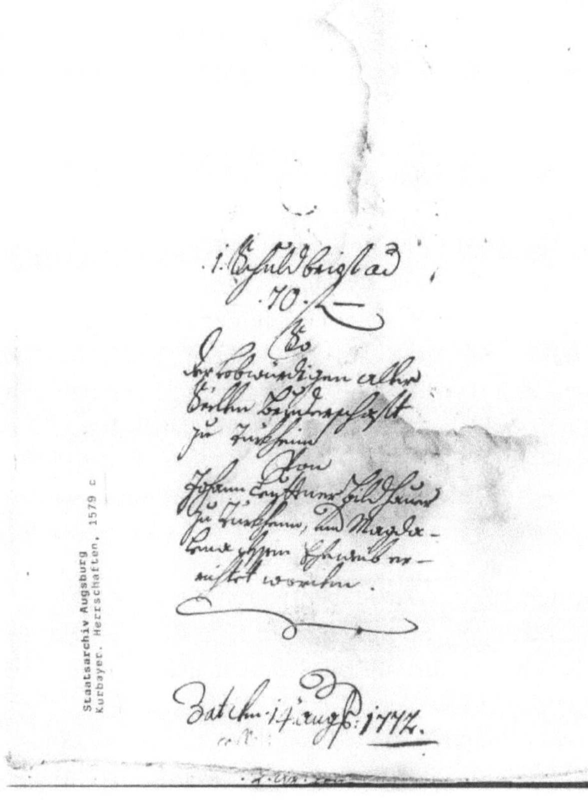

*1 Schuldbrief ad 70 fl So der lobwürdigen allerSeelen Bruderscahft
zu Türckheim von Johann Leyttner Bildhauer zu Türkheim, und
Magdalena dessen Eheweib errichtet worden dat den 14 Augs: 1772*

Die ASB kaufte sich auch immer wieder Grundstücke, „verpachtete" diese und bezog als Pacht, wenn es Wiesen und Weidegrundstücke waren, sog. Grasgeld, bei Äckern Getreidegilt.

So hatte die ASB Mitte des 18. Jhds. 11 Tagwerk Wiesen und Weiden verpachtet und erhielt jährlich ca. 1 fl 40 kr Grasgeld.

1755 bekam die ASB als Getreidegilt 60 Metzen, umgerechnet ca. 18 fl. Auch hier tauchen bekannte Namen auf. So hatte 1710 der Altarbauer Hans Bergmüller einen giltbaren Acker von der ASB. In den 1760er Jahren hatten die Bildhauer Christoph Reiter und Franz Peiffenhofer und der Orgelbauer Andreas Strobl Grundstücke von der ASB gepachtet.

Die ASB hatte in der Kirche einen eigenen Opferstock. Darin fanden sich jährlich nur wenige Gulden. 1712 hat man bei *Eröffnung in dem Stockh keinen Kreuzer nit gefunden, welcher vorher durch einen Dieb muss ausgeraupt worden sein.*

Ab 1732 kamen zum Bruderschaftsvermögen die Opfer in der Oktav von Allerseelen und am Laurentiustag hinzu. Dies waren jährlich ca. 3 fl – 5 fl. Und dann gab es als Einnahmen auch noch die Gebühr bei Neueinschreibung, jährlich ca. 3 kr. Schließlich erhielt man noch großzügige Spenden für hll. Messen *zum Trost der Armen Seelen,* manchmal Einzelspenden über 20 fl.

Der Hauptposten bei den Ausgaben waren Ausgaben für hll. Messen und Andachten. So ließ man ab 1704 für das gesamte Opfergeld, welches während der Monatsmessen der ASB gesammelt wurde, Messen lesen.

Der Frühmesser erhielt für die wöchentlich gelesene hl. Messe für die verstorbenen Bruderschaftsmitglieder und für die vier Quatembermessen jeweils 20 kr. Sebastian und Jakob Holzmann stifteten 1677 der ASB einen Jahrtag für 30 fl. Dafür las der Frühmesser jährlich zwei hl. Messen, für je 40 xr. Ab 1681 ließ die ASB *hinfürders auch 12 monathliche Messen und*

zwar am Montag nach dem monatlichen Umgang durch den Hr.
Dechanten und wo möglich allzeit am nächsten nach dem
monathlichen Umbgang Sontag halten. Dafür erhielt der *Dechant,*
also der Ortspfarrer, jährlich 4 fl. Ab 1682 wurden im Auftrag
der ASB jährlich in der Oktav von *omnium fidelium animarium*
ein Seelenamt und drei stille Requien lesen. Dafür bezahlte die
ASB vier Priestern 2 fl und dem Frühmesser für die Predigten
1 fl. 1697 stiftete der ledige Leonhard Kaiser testamentarisch
der ASB einen Jahrtag um 30 fl. Dieser Jahrtag beinhaltete
jährlich eine hl. Messe. Dafür erhielt ein Priester für das Lesen
dieser hl. Messe 30 kr und der Schulmeister für das Schlagen
der Orgel 6 kr.

Vermögende ledige Personen stifteten gern Jahrtage. Sie
hatten ja meistens niemand, der nach ihrem Tod für sie das
Lesen von Messen finanzierte. 1709 stiftete Michael Hartung,
Bauer in Berg, der ASB einen ewigen Jahrtag für die gewaltige
Summe von 300 fl. Dieses Kapital warf jährlich 15 fl Zins ab.
Dafür musste der Frühmesser jährlich 12 hl. Messen lesen und
bekam dafür 6 fl. 2 fl wurden für die Kerzen bezahlt, welche
während der hl. Messe brannten. Später erweiterte Hartung
diesen Jahrtag mit 30 fl um 3 hll. Messen jährlich. 1724 stiftete
Michael Weber aus Berg einen Jahrtag für 100 fl. Für die dafür
gelesene Messe erhielt der Pfarrer jährlich 50 kr und der
Schulmeister 8 kr. 1731 wurde vom Bruderschafts-Konsilium
beschlossen, jährlich in der Allerseelen-Oktav eine Andacht
halten zu lassen. Dafür erhielt der Pfarrer 1 fl, der
Schulmeister 1 fl 30 kr, die Ministranten 8 kr und der Kalkant
ebenfalls 8 kr. Für das Kerzenwachs bezahlte die Bruderschaft
1 fl im Jahr. Ebenfalls 1731 wurde auf dem Konsilium
beschlossen, am Laurentiustag ein 10stündiges Gebet
abzuhalten. Dabei entstanden der ASB folgende Unkosten: für
Amt, Predigt und Vesper dem Pfarrer   2 fl, jeder anwesende
Priester für hl. Messe und Beichten 1 fl, dem
Bruderschaftskassier 15 kr, dem Bruderschaftsekretär 15 kr,

dem Organisten 30 kr, den *Kantores* 1 fl, dem Oberbruderschaftssakristan 20 kr, zwei weitere Sakristanes 30 kr, den Ministranten 15 kr, dem Kalkant 15 kr, für Kerzenwachs 3 fl - ab den 1760er Jahren zusätzlich - für die Pagen (Edelknaben) 21 kr -spätestens ab 1783 hielt zusätzlich - ein Kapuziner für eine Predigt 1 fl.

Zum Beichhören am Laurentiustag kamen auch Priester aus benachbarten Orten. So waren 1758 acht Priester am Bruderschaftsfest in Türkheim, die ven Der ASB bezahlt wurden.

Bei den Prozessionen der CCB wurden auch die Fahnen und das Kruzifix der ASB mitgetragen und Bruderschafts- mitglieder begleiteten die Prozession in ihren schwarzen Röcken und mit ihren schwarzen Bruderschaftsstäben. Dafür zahlte die ASB der CCB ab 1681 1 fl 40 kr, ab 1721 10 fl. Ab 1734 zahlte die ASB *zu dem anheuers erstmahl gehaltenen Charfreytag Umbgang* dem Pfarrgottshaus jährlich 1 fl 47xr, ab 1754 jährlich 4 fl.

1705 ließ die ASB für den verstorbenen Herzog Maximilian Philipp eine Vigil und fünf hll. Messen lesen, Kosten: 7fl 55kr. 1706 ließ die ASB für ihre Gründerin, die Herzogin Mauritia Febronia eine Vigil und einen Gottesdienst halten. Kosten: 4fl 21kr. 1706 kauften die CCB und die ASB ein *Pluvial von Schwarz und weissem Damast, geblumt mit kleinen und grossen seidenen Franzen. Kosten: 31 fl. Die ASB zahlte die Hälfte.* 1716: Zuschuss zum Umbau des Figurenhauses. 1725: 44fl Zuschuss zum Kauf einer Monstranz. 1726: 10 fl für die Gemeindemission. 1727: Zuschuss für eine neue Glocke. Ab 1732: jährlich 10 fl den Musikanten. 1734: 2fl Zuschuss für die Joh.Nep.-Figur auf einem Seitenaltar; 1735, 2 fl 15 kr an Michael Settele, da er *die Ablas Tafel so man an denen Monats Sontägen oder der Kürchen thür aufzuhengen pflegt sauber gefasst hat.,* 1736: *Joseph Antoni Hafner Maahler alhier zu Türkheimb hat heuriges Jahr mit Mahlung 16 todten Köpf 2 fl, dan ein bletlein an den Neu gemachten armen Seelen Fahnen 1 fl* von der ASB empfangen, 1737 *Michl Strobl orglmacher alhier hat man schilt zu denen umbgängen, dann ein opferstock gemacht* und dafür von der ASB 1 fl 40 kr empfangen. 1737: *Antoni Hafner Maller diss ohrts hat ermelte 2 Schild gefasst* und daüfr 1 fl 30 kr erhalten., 1737: für ein neues schwarzes Antependium an den Armenseelen-Bruderschaftsaltar von Michael Settele, dafür 25 fl; 1746: Druck von 4.000 Bruderschaftszetteln bei Hans Georg Steiner in Mindelheim für 18 fl 30 kr; 1751: 68 fl Zuschuss für ein neues Ornat; 1750: 288 fl 10 kr für *6 Paschen*[Edelknaben]*Kleider wie auch Perouquen, weil solche Paschen ebenfalls bei den Bruderschafts solemnen ämbtern dienen;* 1755: *6 fl 54 kr Zuschuss für einen Baldachin auf den Seelenaltar;* 1771: *bey dervorgenohmenen Pfarrkirchendachungs Reparation durch einen fall mit Brechung des armbs verunglückten Maurer Settele ist zur bestreitung des Baders kosten behändigt worde 6 fl.* von der ASB; 1772: *Dem allhiesigen Schulmeister sind vergüttet worden für die Koberische* [Landsberger Organist und Komponist] *offertoria 1 fl 30 xr;* 1774 erhält das *Pfarrgottshaus Türkheim 164 fl* zinsloses Darlehen von der ASB zur Begleichung der Baukosten; 1774 *für die Edelknaben, welche am hohen Festtägen beym Altar dienst machen, hat man die Perouquen zusammen richten und frisch accomodiren lassen 1 fl 6 kr;* 1776: dem Schulmeister für *2 Geigenbögen auf den Chor* und für *beigeschaffte Neue Messen aus den Chor.* 1777: 4 fl 15 kr für *6 neue Messen und ein Requiem von Landsberg Koberich;* 1778: *4 Musikanten von München die ein figuriertes Amt haben machen helfen 1 fl;* 1778: *Dem Johann Georg Mackh welcher auf dem chor mit dem Violin das ganze Jahr hindurch gute Dienste gemacht 3 fl;* 1784: *Dem Michaeln Rodt Maurer alhier sind wegen gemachten chordiensten mit Violin an denen Festtägen 2 fl bezahlt.*

Ausgaben

In den Rechnungsbüchern sind ab 1694 Ausgaben verzeichnet für Gegenständen, welche für die Prozessionen notwendig waren. Es ging um Fahnen und Röcke und Mäntel und Stäbe und Kreuze. Für die örtliche Kunstgeschichte sind folgende Ausgaben interessant: 1700: *Ulrich Herzogen Maller in Hültenfingen von denen stab und Schildter zemahlen,* 1711: Hans Bergmüller *für Machung einer neuen Stangen und Kreuz zur armen Seelen Bruderschafts Fahnen,* 1713: *Dem Mahler Jacob Zimmermann vor Mahlung der 6 Scheine auf die Bruderschaftsstäber,* Hans Bergmüller macht *eine St. Lorenz Figur und 6 schwarze Stäbe,* 1718: Andreas Bergmüller *macht einen Stuhl und 2 Schilder auf die schwarzen Stäbe,* 1733: *Joseph Hafner Mahler zu Türkheimb hat in solch grosse Neuen fahnen die 2 Blätter gemahlen,* 1733: *Johann Georg Berckhmiller Mahler in Augsburg hat man sich das gemahlene Labrum bezalt 18 fl 12 kr,* 1748: *Der Bildhauer Ignati Hilleprandt alhir hat zu dieser Bruderschaft mehrer Zierde ein grosses Cruzifix, welches bey denen monathlichen und iahrs Umbgängen offentlich umbgetragen würdet, sambt der Cron verferttiget 8 fl 30 kr, Maatheus Hafner auch Mahler von Türkheim, Fassung dr Cron Christi 1 fl,* 1750: *Mathis Hafner Mahler zu Türkheimb hat die 3 Stangen an den grossen schwanzen Fahnen angestrichen, auch weisse Blumen darauf gemacht,* 1767: *Ignati Hillebrand Bildhauer in Türkheim musste das grosse Cruzifix so an denen Monath Sontägen und anderen Proceßionen pfleget herumgetragen zu werden an verschiedenen Gebechen wieder repariern 59 kr. Bernhard Hafner, Mahler für fassen 59 kr.*

Ab 1763 müssen die Bruderschaften der landesherrlichen Obrigkeit Bericht erstatten. Größere Anschaffungen sind nun staatlich genehmigungspflichtig. Die Bruderschafts-Rechnungen müssen nach München geschickte werden, damit die Bruderschaften besteuert werden kann. Diese Dezinationssteuer wird auf fünf Jahre berechnet:

Zeitraum	jährlich Dezinationssteuer
1763 – 1767	8 fl 27 kr
1768 – 1772	16 fl 54 kr

Ab 1785 wird das Bruderschaftsvermögen dem *Pfarrgottshaus Türkheim* eingegliedert. In der gemeinsamen Rechnung des Pfarrgottshaus, später Kirchenstiftung genannt, treten noch folgende Posten für die ASB auf:

Getreidegilt: 21 Schäffel 5 Mezzen. Ab 1790 wird dieser Posten mit den anderen Gilten des *Pfarrgottshaus* zusammengelegt.

Ab 1787 hat die ASB folgende Ausgaben: für 52 hll. Messen dem Frühmesser 21 fl 40 kr, dem Mesner 2 fl 36 kr / für 4 Quatembermessen dem Pfarrer 1 fl 40 kr, dem Mesner 48 kr / für eine Messe am Mittwoch nach dem Schutzengelfest einem Priester 44 kr, dem Mesner 3 kr, für eine hl. Messe am Mittwoch nach Maria Himmelfahrt dem Priester 24 kr, dem Mesner 3 kr, für 12 Monatsmessen dem Priester 4 fl, dem Mesner 36 kr; für den Jahrtag in der Allerseelenoktav (Vigil, Amt, 3 Nebenmessen, Predigt) dem Priester 2 fl, einem Kapuziner für die Predigt 1 fl, dem Mesner 30 kr, für Musik u.ä. 1 fl 30 kr.; für die Andacht in der Allerseelenoktav dem Priester 1 fl, dem Mesner 1 fl 30 kr, den Ministranten 8 kr, dem Kalkanten 8 kr; für das 10stündige Gebet an Laurentius dem Pfarrer 1 fl dem Kapuziner für die Predigt 1 fl, 9 Priestern für Beichthören und hll. Messen 9 fl, dem Bruderschaftskassier und –sekretär 1 fl, dem Organisten 1 fl, dem Cantoribus 40 kr, dem Mesner 20 kr, den Sakristanen 20 kr, 2 Gehilfen 20 kr, Ministranten 21 kr, Kalkanten 15 kr, Edelknaben 18 kr, Fahnentärger 1 fl; für Jahrtagsmessen Ausgaben von 8 fl 44 kr. Ab Ende des 19. Jahrhunderts lassen sich die summarisch aufgeführten Ausgaben nicht mehr aufschlüsseln.

Lauretanische Bruderschaft

Herzog Maximilian Philipp wallfahrtete 1666, 1668 oder 1669 und 1682 nach Loreto. Auf seiner zweiten Reise begleitete ihn seine Gemahlin Mauritia Febronia. Das Herzogspaar ließ 1670 in ihrem Türkheimer Schloss und 1682/83 gegenüber dem Schloss eine Loretokapelle *zu Ehren der Allerseeligsten Jungfrau und Gottesgebärerin Maria* bauen. Ihr *größter Wunsch* war es, *zu besagter [...] Kapelle eine Bruderschaft [...] zu errichten und gründen und mit den Schätzen geistlicher Gnaden zieren.*

Der Herzog richtete über Abt Pompeius Scarlatti, Vertrauter seines Neffen, des Kurfürst Max Emanuel (1662 – 1726) am Münchner Hof, an Papst Innocenz XI. (1611, 1676 - 1689) das Begehren, an der Türkheiemr Loretokapelle eine Lauretanische Bruderschaft einführen zu dürfen. Der Papst gab am 7. September 1685 seine Zustimmung unter dem formalen Vorbehalt, dass auch der Augsburger Bischof damit einverstanden ist. Bischof Johann Christoph von Freyberg (Bischof 1666 – 1690) hatte keine Einwände. Die Gründungsurkunde wurde am 21. November 1685 ausgestellt. 1686 wurde *für die Confirmation* der Lauretanischen Bruderschaft zum bischöflichen *Siglambt nacher Augsburg ... 7 fl überschickt.*

Aus den noch vorhandenen Archivalien ergibt sich eine recht lückenhafte Bruderschaftsgeschichte: 1706 bestellte die LB beim Münchner Buchdrucker Johann Lucas Straub 120 Bruderschaftsbüchlein für 48fl. 1790 ließ man 100 Bruderschaftszettel drucken. Am 15. Oktober 1802 endete mit der Säkularisation des Türkheimer Kapuzinerklosters auch die LB.

Statuten

Die Statuten konnten, laut päpstlicher Bulla, selbst erstellt werden. Sie mussten allerdings *vom Ortsbischof geprüft und genehmigt werden.*

Statuten der Hochlöblichen Bruederschaft unter der Anrufung der Seeligsten lauretanischen Jungfrauen zu Türkheim:

1. Durch diese Bruderschaft soll die Liebe, Andacht, Ehre und Glory gegen die übergebenedeite lauretanische Jungfrau und allvorderst ihres lieben Sohnes Christum Jesum mehr und mehr gefördert und das in der ganzen christlichen Welt berühmte und wundertätige lauretanische Haus allen frommen, katholischen Herzen mehr und mehr bekannt gemacht und für selben, wie auch anderen der übergebenedeiten Himmelskönigin geheiligten Örtern, Wallfahrten, Kirchfahrten, marianischen Reisen und Andachten öfters vorzunehmen, bewegt werden.

2. Damit hierdurch mittel der allerkräftigsten Fürbitte der allerseeligsten lauretanischen Jungfrau bei ihrem liebsten Sohn Christum Jesum dieser Bruederschaft einverleibt in allen Zufällen und Begebenheiten an Seel und Leib, Hab und Gut vor allen Unheil und Übel behütet, hingegen mit allem göttlichen Segen geistlich und leiblichen Wohlstand begnadet werden.

3. Zur Erlangung eines sonderbar hilf- und trostreichen Beistands von Jesus und Maria für alle Brüder undt Schwestern an ihrem letzten Sterb- und Herzensstoß, damit sie alsdann alle Leib und der Seelen schwere Anfechtungen starkmütig überwinden, glückseelig in Liebe zu Jesus und Maria ihr Leben beschließen und nach solchem die mächtigste Fürbitt der allerseeligsten, lauretanischen, jungfräulichen Mutter aus dem Fegfeuer bäldigst erlöst, in ewiger himmlischer Lieb mit Jesus und Maria verbunden, selbe in ewiger Beglückung mit allen hochheiligen Engeln, und Auserwählten leben, lieben, ehren und preisen mögen.

Diese Bruderschaftsziele sollen durch folgende Regeln und Pflichten erreicht werden:

Alle einverleibte Brüder und Schwestern sollen (jährlich) einen heiligen Rosenkranz zur sonderbaren Ehre der allerheiligsten lauretanischen Jungfrau und Mutter Gottes Maria, dann (jährlich) fünf „Vater Unser" und fünf „Ave Maria" zu Ehren der 5 heiligsten Wunden Jesu Christ und ein „Vater Unser" und ein „Ave Maria" zu Ehren der Schmerzhaften Schulterwunden, welche er in der schweren Kreuztragung empfangen, im Jahr einmal, an dem jedem Bruderschaftsmitglied bestimmten oder vorgeschriebenen Tag beten. Die der Bruderschaft einverleibten Priester sollen einmal im Jahr anstatt des Rosenkranzes, an einem beliebten Tag eine hl. Messe lesen.

Ablässe

1685 verlieh Papst Innocenz XI. der LB folgende Ablässe:
Vollkommene Ablässe: am Tag des Eintritts in die LB, *wenn sie wahrhaft bereuen und gebeichtet, sowie das Allerheiligste Sakrament der Eucharistie empfangen haben.* im Augenblicke ihres Todes, wenn *sie waahrhaft bereut und gebeichtet haben und durch die heilige Kommunion gelabt wurden oder sofern sie dies nicht zu tun vermögen, wenigstens erknirscht den Namen Jesu mit dem Munde, wenn sie es können, oder doch zum Mindesten mit dem Herzen demütig anrufen,* am Hauptfest der Bruderschaft, am Fest der Verkündigung Mariens und am Fest der Geburt der seligen Unbefleckten Jungfrau Maria.
Voraussetzung war Beichte, der Empfang des Altarsakraments, der Besuch der Loretokapelle und beten *für die Eintracht der Fürsten der Christenheit, die Ausrottung der Irrlehren und die Erhöhung der heiligen Mutter Kirche.*
Jedem Bruderschaftsmitglied wurde im Jahr ein Tag zugewiesen, an dem es einen Rosenkranz und weitere Gebete

verrichten muss. Wenn er am darauffolgenden Sonntag beichtet und kommuniziert erhält er auch einen vollkommenen Ablass.

Sieben-Jahres-Ablässe gab es zu den üblichen Bedingungen an vier festgelegten und vom Bischof genehmigten Tagen beim Besuch der Loretokapelle.

Einen 40-Tages-Ablass erhielt ein Mitglied jeweils wenn es an Messen und anderen Gottesdiensten oder Bruderschafts-Versammlungen teilnimmt, oder wenn es Arme in Gastfreundschaft aufnimmt, oder wenn es an Beerdigungen teilnimmt, oder wenn es *an Prozessionen, welche auch immer, die mit Erlaubnis des Bischofs abgehalten werden, und das Allerheiligste Sakrament der Eucharistie ebensowohl in den Prozessionen wie wenn es zu Kranken oder bei anderen Gelegeneit wo immer und wie immer zu gegebener Zeit gebracht wird, begleitet haben,* oder *wenn sie an der Begleitung verhindert waren – auf ein gegebenes Zeichen einmal das Vater unser und den Englischen Gruß gebetet haben, oder auch fünfmal jenes gebet und jenen Gruß für die Seelen der vorgenannten verstorbenen Mitbrüder und Mitschwestern verrichtet haben,* oder wenn sie jemand *der vom Wege Abgekommenen zum Weg des Heiles zurückgeführt haben und solchen, welcher die gebote Gottes über das, war zum heile dient, nicht kennen, belehrt haben,* oder wenn sie *irgend ein anderes werk der Frömmigkeit und Liebe vollbracht haben.*

All diese Ablässe konnten auch fürbittweise Verstorbenen zugewendet werden.

Prozessionen

Die LB organisierte keine eigenen Prozessionen sondern beteiligte sich an den Prozessionen anderer Bruderschaften. Bei den *solemnen Prozessionen* anderer Bruderschaften beteiligten sich 12 Männer der LB in ihren

Bruderschaftsröcken und mit ihren Bruderschaftsstäben. Weiter wurde von vier Männern eine Kopie des Gnadenbildes von Loreto, von drei Männern die große Bruderschaftsfahne mit drei Stangen, von einem Mann, flankiert von zwei Knaben, das lauretanische Fähnlein, von einem Mann das lauretanische Kreuz mit Velum, wobei das Velum zwei Ministranten hielten, von zwei Männern zwei Leuchter mit brennenden Kerzen, mitgetragen.

Ausgaben

Nach den Kapellenrechnungen hatte die LB spezielle Ausgaben:
1723: *Andreas Berkhmiller auch Kistlern vor gemachte Stäb zur Laurethanischen Bruderschaft: 3 fl* 1755: *Joseph Ignati Höss [...] gürtler u Kaufbeuren [...] 6 Bruderschaftsstäb von Kupfer und feuervergoldet mit versilbertem Zierrath und Stain versezt: 56 fl* 1758: *Ignati Hilleprand Bildhauer erhielt umb Er ein Neues Bruderschafts Crucifix nöttigermassen verförriget {...] 9 fl.* 1759: *Vor zusammen richtung der Fahnen Stangen ist Dominico Pergmüller Schreiner dissorth bezahl worden 1 fl 30 xr.* 1768: *Bernharin Hafner Mahler alhir hat eine neue Labra zur Lauretanischen bruderschaft in die Pfarrkirche gemahlen [...] 17 fl 21 kr.* 1779: *Bei einziehung des kreuzes vom heiligen berg hat man den BruderschaftsFahnen mittragen lassen.*

Bruderschaftsmessen

Seit Gründung der LB wurden in der Loretokapelle jährlich 4 hl. Messen an den Quatembersamstagen für die Verstorbenen der LB vom Pfarrer oder vom Frühmesser gelesen. Ab 1762 lasen nur noch die Kapuziner diese Messen. Eine Messe kostete 20 kr. Weiter gab es Marienmessen, je eine an den sieben Marienfesttagen und je eine an den Samstagen danach. 1700 stiftete Maria Agnes Winkler einen Jahrtag für 25 fl.

In der Reihe *Heimatschriften aus dem östlichen Unterallgäu* seit 2021 erschienen:

Heft 1: Der Prozess gegen Ludwig Freiherr von Vogelsang und seine Frau Vera, geb. Waibel

Heft 2: Türkheim in der 1. Hälfte des 20. Jahrhunderts

Heft 3: Die Umpfarrung der Protestanten in Türkheim aus der Pfarrei Langerringen in die Filialkirchengemeinde Mindelheim

Heft 4: Amberg – Anmerkungen zur Geschichte eines schwäbischen Dorfes

Heft 5: Ostettringen, Piesternhof

Heft 6: Die Kapuziner in Türkheim im 20. Jahrhundert

Heft 7: Beiträge zur Geschichte von Türkheim unter besonderer Berücksichtigung der Barockzeit

Heft 8: Die Rebarockisierung der Türkheimer Pfarrkirche

Heft 9: Flößerei auf der Wertach

Heft 10: Die Regotisierung der Pfarrkirche in Türkheim

Heft 11: Türkheimer Erinnerungen an Joseph Bernhart und an die Joseph-Bernhart-Gesellschaft

Heft 12: Bruderschaften in Türkheim

in Planung: Der alte Pfarrhof in Türkheim